Law
notes
法学笔记系列

劳动与社会保障法入门笔记

Labor Law and Social Security Law in a Nutshell

主　编·曹　燕
副主编·沈建峰　张妤婕
撰稿人·（以撰写章节先后为序）
陈静媛　孙冰心　魏　倩
刘晓倩　刘凤杰

法律出版社
LAW PRESS·CHINA
北京

总　序

法学、神学与医学是人类最古老的知识体系，其知识谱系的演变体现了人类文明与法治的进步。在我国，法学教育对于建设法治国家具有基础性、根本性与前瞻性的作用，是全面实施依法治国伟大工程中的重要一环。改革开放以来，我国的法学教育发展取得了显著成绩，为社会主义法治国家建设提供了有力的支持与人才保障。目前，随着我国法治事业的不断发展与法律服务市场的变化，社会需要越来越多适应时代要求的法治人才，这对大学的法学教育提出了新要求。如何提高法律人才培养质量，满足社会需求，已成为我国法学教育改革所面临的重要课题与挑战。

法学教育的本质并非传授单一的知识点，而是培养一种综合的法律思维能力。法律是一种职业，一种技术含量非常高的专业化的职业，这个职业有不同的研究方法，也有多元的思维方式。我们应该培养像法律人那样思考问题、解决问题的能力。随着全球化、信息化时代的到来，法律制度发生了新的变化，法律现象呈现出日益综合化的趋势。如何有效地分析和解决特定的法律问题，已经不能再局限于某一单一法学学科，而应以整体系统的法学教育为背景，通过综合的法律思维去分析、解决问题。因此，为适应社会需求，法科学生需要在短时间内系统地学习法学的理论精髓，并融会贯通。这也为法律人才培养提出了更高的要求。

在法学教育中，教师是教学的核心，尤其是青年教师，站在教学第一线。青年教师入职后面对的挑战可能不是科研，而是教学。青年教师历经数十年的寒窗苦读、精耕科研，如何以最短的时间从研究者转换为授业者，是每一位初登讲堂者须完成的必修课。教学大纲的设计、知识点的选取、典型案例的搜集、寓理论于案例的深入浅出等均是作为“初学者”的青年教师需要攻克的难关。初登讲堂者往往都是学富五车的博士，但经历了漫长的学习生涯与科学研究过程，他们恐怕一时难以用通俗易懂的语言将法学的乐趣深入浅出地描绘给学生。

作为法学职业教育的共同体，我们须认识到，法学教育的目的是培养造就一批信念执着、品德优良、知识丰富、本领过硬的高素质法律人才，包括法学研究型人才、法律应用型人才、复合型法律人才等适应不同层次社会需求的法律人才。为了形成知识、能力和实践之间的融合，我们需要系统地学习法律知识，但是知识并不是最重要的，关键是通过法学知识的传授培养一种能力，用能力来解决法律实践中的具体问题。对于研究型人才，我们应训练其法学思维，启迪其独立研究和思考；对于应用型人才，我们也须培养其法律思维，将理论应用于实践；对于复合型人才，我们要培养其综合性应用思维，扩展其法律知识面。

法学教育的载体和纽带在于教材的编写和选用。无论是学生的学习，还是教师的讲授，都依赖于课程的教材。传统的法学教材，植根于各学科基础理论，汇集各家观点，力求完整、全面地为读者介绍本学科的基本情况，归纳本学科的基本理论体系，诠释本学科的基本法律规范。但对于正在接受系统法学教育洗礼的本科生乃至硕士生等群体而言，存在一种瓶颈性的困境。因缺乏系统的法学知识，在各家学说与艰深理论面前，法学初学者往往会"望而却步"，期待一种通俗易懂的教材。事实上，法学是美妙而充满魅力的科学，如果有一本教材能够让学生在轻松的阅读学习中，直观了解法学知识的初貌，培养学生对深入学习本学科法学理论的浓厚兴趣，逐步引导其对这门学科开展探索，这必将是法学初学者的一种幸事。

此外，在信息化时代，法学初学者又须防范迷失于信息量过大而难以取舍、信息良莠不齐而缺乏甄别能力、知识的碎片化而难以形成法律思维等困境之中。事实上，法学知识和法律知识载体的多样化、新型化也给法学教育工作者提出了新的课题。例如，如何为法学本科生的每门专业课选择正确、适量、重点突出、便于理解的教学素材，如何使得教学素材的载体既小又大，即教材的页码少但有用信息量大；如何使得教学素材的载体既简单又复合，即教材所载学科理论和法律知识的信息重点一目了然但功能多用，能够满足学科入门、理论体系的提炼、法律知识的串联、司法考试知识点等复合型功能需求。

可喜的是，法律出版社计划出版一套"法学笔记系列教材"，这套教材由我国青年法学学者编写，突出教材的"笔记"特色。其丛书编委均是具有长期丰富一线教学经验的中青年法学才俊。当中国人民大学法学院竺效教授与我交流这套新型法学教材的提议后，我开始关注这套教材的出版进展，也浏览了由他主编的第一本教材《环境法入门笔记》。我认为，这套教材的新意在于，将目标集中于引领法学初学者进入各个法学学科领域，使法学入门者能对各学科理论有全面系统的了解，掌握其中重点，对各学科涉及的法律规定能在准确理解的基础上尝试应用，借助该套教材，激发读者深入研习法学的兴趣。同时，也有望这套教材能为初入讲堂的青年教师提供较为高效的“教学入门速成课”。甚至可能成为那些由于各种原因从其他专业转而从事法律实践的应用型、复合型人才，提供法学各学科法律实践的入门级“工具书”。

作为从事教学工作近三十年的法学教育者，看到这套新型教材的问世，感到欣慰与欣喜——欣慰于青年教师们能够想读者之所想，想后辈之所想，想学生之所想；欣喜于青年教师们青出于蓝而胜于蓝。希望日后有更多青年学者加入本套教材的编写，为本套教材的完善提出真知灼见，在从事学术研究的同时不忘初心，致力于我国法学教育事业的发展。

中国法学教育研究会常务副会长、
中国人民大学法学院教授、博士生导师
韩大元
2016 年 12 月 25 日

编 写 说 明

随着社会的经济不断发展,我国劳动关系问题日趋繁复,劳动关系与社会保障领域发生的深刻变化及其呈现出新的问题,推动我国劳动与社会保障立法体系不断完善,法学研究不断深入。作为法学专业核心课程,《劳动与社会保障法》课程教学面临的突出问题是,如何在有限的课时内将体系如此庞杂的法律知识体系完整地传授给学生?本书是解决这个难题的初步尝试,其基本思路,以帮助学生快速掌握劳动与社会保障法的基本制度、基本理论和基本知识为主要目标,将法律制度与法学理论中的重要知识点以最简洁的方式呈现给学生,便于其记忆的同时,帮助其加深理解。这也是笔记系列教材的宗旨与特色。

本书分为十三章,包括了劳动法与社会保障法领域中的主要制度和重要知识点。本书的作者及其分工如下:

主编:曹燕,法学博士,教授,西北政法大学经济法学院劳动与社会保障法学教研室主任。中国社会法学会常务理事、陕西省法学会理事、陕西省法学会社会法学研究会副秘书长,西安市总工会专家顾问团成员。撰写本书第一章、第三章和第四章以及附录。

副主编:沈建峰,法学博士,副教授,中国劳动关系学院法学院副院长,洪堡基金会"联邦德国总理奖学金"获得者。撰写本书第九章。

副主编:张妤婕,法学博士,西北政法大学劳动与社会保障法教研室讲师。撰写本书第十一章、第十二章和第十三章。

其他撰稿人(以撰写章节先后为序):

陈静媛:法学硕士,副教授,西北政法大学经济法学院劳动与社会保障法学教研室副主任。撰写本书第二章。

孙冰心:法学博士,讲师,吉林大学法学院经济法教研室教师。撰写本书第五章。

魏倩:法学博士,讲师,中国劳动关系学院劳动关系系教师,北京大学法学院劳动法与社会保障法研究所研究员，中国社会法学会理事。撰写本书第六章和第七章。

刘晓倩：经济学硕士，中国劳动关系学院劳动关系系讲师。撰写本书第八章。

刘凤杰：英国利兹大学工作与雇佣关系专业博士候选人，利兹国际博士奖学金获得者。撰写本书第十章。

西北政法大学经济法学院劳动与社会保障法专业 2016 级硕士研究生张冉协助主编完成附录历年司法考试真题的整理工作。

目　　录

第1章　劳动法总论

教学目标

识记和理解劳动法的基本概念；
识记和理解劳动法的理念和特质；
识记和理解劳动法的基本原则；
了解和识记劳动法的基本体系。

推荐参考资料

1. 王全兴:《劳动法》,法律出版社2017年第4版,第四至六章。
2. 刘俊主编:《劳动与社会保障法学》,高等教育出版社2017年版,第一章。
3. 常凯主编:《劳动法》,高等教育出版社2011年版,第一章第一节、第三节。
4. 林嘉:《劳动法的原理、体系与问题》,法律出版社2016年版,第二章第三节、第五节。

1.1　劳动法的基本性质

知识要点

1.1.1　劳动法的概念

学理通说认为:**劳动法是调整参与劳动关系的各主体——劳动者、劳动力使用者(以及劳动力使用者团体)、劳动者组织及与国家之间相互关系的法律规范的总称。**[1] 劳动法有两大支柱性规范体系:第一,个别劳动关系法,是规制个别劳动者

---

〔1〕［日］荒木尚志:《劳动法》,有斐阁2009年版,第3页。国内学者也多采该学说。

与劳动力使用者之间契约关系的法律规范的总称,包括劳动基准法与劳动契约法等多样性的个别劳动关系法律规范。第二,集体劳动关系法,是规制劳动力使用者(及其团体)与劳动者组织之间关系的法律规范的总称,包括工会组织法与劳资关系协调法等法律规范。劳动者与劳动力使用者关系成立之前因求职招聘以及劳动力培育与涵养所发生的,与劳动力市场秩序规制相关的职业安定法、劳动派遣法、职业能力开发法以及反歧视法等法律规范也是劳动法的重要构成。[1]

1.1.2　劳动法的形成和发展

从上古至今,劳动关系的法律规制历经不自由劳动时代、租赁劳动时代、团体主义时代、雇佣契约时代、劳动契约时代以及资讯社会时代等漫长的历史发展进程。[2] 近现代的市民法使一般的市民从封建束缚中解放出来,劳动者作为市民,与其他自由的市民一样是平等自律的个人。在市民法理念之下,劳动关系是对等的劳动者与劳动力使用者之间以自由意志缔结的契约关系。劳动契约关系以劳动力买卖或者租赁借贷为特征,因此,作为契约主体,劳动者具有自律性而非他律性。然而,现实中,劳动者与劳动力使用者之间是从属性关系,劳动关系的世界是由劳动力使用者独立支配和决定的。非人性的劳动条件、恶劣的劳动环境以及职场中对劳动者进行的非人的人格侵害从雇佣劳动产生之后逐渐蔓延开来,这是劳动力使用者为应对残酷的经济竞争而倾向于大力压缩工资以及压低工作条件以获取利润最大化所致。这不能简单地归咎于劳动力使用者没有良心,而是经济结构性的问题。据此,“劳动关系是对等当事人之间形成的契约关系”的市民法观点与劳动关系的现实格格不入。在独立自主的自律决定背后,充斥着雇主独断专行,劳动者因此陷入悲惨的生活境遇以及社会矛盾激化,旨在确保劳动者体面生活条件的劳动保护法以及争取对等决定劳动条件的集体劳动关系法产生并发展起来。[3] 劳动法契约规制被劳动条件的国家强制与集体协商决定所取代,劳动法基本框架渐次形成。

1.1.3　劳动法的基本理念

劳动法的理念是指统摄劳动法原则—规则体系的基本法律精神和规范基础。对此,国内外学者的意见各异。对从私法中发展而来的劳动法,其基本性格特质与

---

〔1〕 王全兴:《劳动法》,法律出版社2008年第3版,第26页。

〔2〕 各个时代的劳动关系各具特色,规制方式各有不同,具体内容请参见黄越钦:《劳动法新论》,台北,翰芦图书出版有限公司2015年第5版,第33~43页。

〔3〕 [日]西谷敏:《劳动法》,日本评论社2013年第2版,第2~3页。

民法的分野和协调问题,西谷敏教授的论述相当精辟,可为该等学说之代表。他认为:"劳动法是以把握劳动者自律性与从属性的两面性格为基点。现代民法对这种两面性格没有足够重视。新自由主义劳工政策所虚构的劳动者自由独立的人格幻象,高呼劳动法的无用论等都是对这个基本问题意识的否定而来。劳动法之根基在于维护处于从属地位的劳动者的人格尊严。"〔1〕所谓劳动者的自律性,是指劳动者作为自律理性而自由的个人,出于自愿将劳动力出卖给劳动力使用者(雇主)使用,而与使用者缔结劳动契约。据此,劳动者与民法上的自然人十分相像。然而,雇主劳动者的性格有现实的二重性,除了上述自律性之外,更体现出对雇主的从属性。劳动契约使劳动者承担如此义务:必须将其人身置于雇主的指挥命令之下。这就产生了人格被支配的风险,使劳动者成为拟制的商品,其肉体与精神均须服从经营管理之需要,基于人格独立的劳动者自律性因此失去存在的基础而被"他律性"所替代。劳动法的生成与发展完善就是为了弥合劳动者自律性与从属性之间的裂痕。

尽管劳动契约的债务履行具有他人决定性,加之劳动者必须服从雇主的管理支配,这些都与其自律性相对,然而,事实上这并不会损害其保持自律性的可能:第一,服从劳动力使用者是依劳动者自由意志决定的,劳动契约缔结与变更必须以劳动者意思自治为前提。第二,雇主的指挥命令权限范围受到劳动契约的合意限制。第三,劳动者服从雇主的指挥命令有时间限制,劳动者根据劳动契约与法律,一天内只有一段时间处于雇主的支配之下。在现代劳动法的规制下,劳动者的时间主权只有在劳动契约约定的工作时间内依照劳动者的自由意志而让渡给雇主,由其支配。第四,劳动者在工作时间尽管受到雇主的管理支配,但仍应被认为其有人格自律性,雇主不得以否认劳动者的人格自律性为前提,对劳动者实施侵犯人格尊严的管理支配行为,例如职业场所的不当监视行为。第五,雇主有提供安全健康的工作环境以及保障劳动者人身健康安全的义务和责任。

而对于劳动者经济从属性与自律性的矛盾,劳动法提供了如下解决方法:第一,承认劳动者有权通过集体合意来代替个别合意,从而实现劳资合意的对等性。第二,立法和判例共同关注并引导劳动者与劳动力使用者的个别合意在劳动条件决定中的现实作用。〔2〕

---

〔1〕［日］西谷敏:《劳动法》,日本评论社2013年第2版,第16页。

〔2〕同上注,第7~11页。

1.1.4　劳动法的立法宗旨

我国《劳动法》第1条开宗明义地提出了我国劳动立法的基本宗旨，其要点如下：

“保护劳动者的合法权益”，是从劳动关系从属性的基本特质出发，以维护劳动者的合法权益为基本制度手段，妥当解决处于从属地位劳动者的自律性与从属性的冲突问题，保障劳动者与用人单位的合意在劳动条件决定中的正当性，维护和提升劳动条件，实现体面劳动的目的。

“调整劳动关系”，是指劳动法承载着实现国家劳动政策目标的基本任务，劳动关系各方——政府、企业、劳动者及其团体等利益的各项制度配置与国家劳动政策密切相关，而劳动政策体现了国家最高决策层基于全国劳动关系运行历史变迁、现实状况和未来趋势的基础性判断而提出的原则性政策，需要通过劳动法为其实现提供工具，并引导劳动关系各方在该政策轨道上运行并维持社会安定。

在我国经济体制改革过程中，劳动政策也进行着变迁。在计划经济向市场经济转型的早期，我国政府发布了《劳动部关于建立社会主义市场经济体制时期劳动体制改革总体设想》（劳部发〔1993〕411号，已宣布失效）确立了我国经济体制转型早期的劳动政策目标：建立现代劳动力市场体系，期望以劳动合同为基础，形成劳资个别合意协调劳动关系的市场机制。其所强调的以合同机制协调劳动关系的调整模式深刻影响了后来《劳动法》和《劳动合同法》的价值取向，也使对劳动法基本宗旨“保护劳动者的合法权益”的解释至今仍纷扰不断。应当注意的是，该文件是二十多年前，我国经济体制从计划经济向市场经济转型的开端时期发布的，主要关注的是如何解决企业、劳动者对政府的实际依附问题。如今，我国劳动力市场已具规模，劳动法制建设有了长足进步，然而，以劳资个体合意协调劳动关系的法律规制模式不适应历史转型时期面临的严峻挑战，劳动基准法律体系以及体现劳资理性的集体劳动关系法律体系的不完备，导致劳动法规制困境日益严峻，劳动政策的转型势在必行。2015年3月21日，中共中央、国务院发布《关于构建和谐劳动关系的意见》，明确新时期我国劳动政策的基本方向：将保护劳动者根本权益作为构建和谐劳动关系的出发点和落脚点，强调建立健全我国劳动基准法律制度体系以及集体劳动关系法律规制体系，将“国家理性”和“劳资理性”的塑造作为劳动政策的核心，一改“合同自治”理念引导下依靠劳资个别合意协调劳动关系的固有模式，形成与世界劳动关系规制接轨的现代劳动法规制体系。新时期构建中国特色的和谐劳动关系对劳动法理论与实践提出两个基本发展方向：一是我国劳动基准法体系的完善，二是建立健全多种交涉形式融合的集体劳动关系法律制度体系。

1.1.5　劳动法的基本原则

关于劳动法基本原则的含义解释基本一致，措辞上稍有差异，主流观点认为：**劳动法的基本原则是集中体现劳动法的基本理念与特质，统摄全部劳动法律体系，并指导劳动立法、司法、执法等法律运行的基本法律准则**。然而，关于基本原则的外延范围则概括不一。有学者认为：劳动法的基本原则包括：公民有劳动的权利和义务的原则；保护劳动者合法权益的原则；"各尽所能，按劳分配"的原则；劳动者享有休息和劳动保护权利的原则；男女平等、民族平等的原则；劳动者享有组织工会和民主参与权利的原则；劳动者有职业培训权利和义务的原则；劳动者享有物质帮助权利的原则；提请处理劳动争议的权利原则。[1] 有学者认为：劳动法基本原则包括保护劳动者合法权益原则，劳动自治与劳动标准制约相结合原则与三方性原则。[2] 有学者认为：劳动法基本原则包括劳动自由原则，劳动协调原则，劳动保障原则等。[3] 有学者认为：劳动法基本原则包括劳动权利与义务相统一的原则，保护劳动者合法权益原则，劳动法主体利益平衡原则。[4]

1.1.6　劳动法的法源

(1)宪法；

(2)法律(劳动法、劳动合同法、劳动争议调解仲裁法、工会法和就业促进法等)；

(3)行政法规、规章；

(4)地方性法规、规章；

(5)习惯法；

(6)判例；

(7)劳动规范(协约规范、协约团体之章程与决议、劳动规章)；

(8)国际劳动法规等。[5]

---

[1] 王全兴：《劳动法》，法律出版社2008年第3版，第47～48页。

[2] 郭捷主编：《劳动法学》，高等教育出版社2014年版，第75～76页。

[3] 冯彦君：《论劳动法的基本原则》，载《法制与社会发展》2000年第1期。

[4] 贾俊玲主编：《劳动法学》，北京大学出版社2003年版，第66页。

[5] 史尚宽：《劳动法原论》，台北，正大印书馆1978年重刊，第4～5页。

法律与规范链接

▲ **必读法条**

《劳动法》第1条

《劳动合同法》第1条

延伸阅读

1. [德]雷蒙德·瓦特尔曼:《德国劳动法》,沈建峰译,法律出版社2014年版,第一编。
2. 黄越钦:《劳动法新论》,台北,翰芦图书出版有限公司2015年第5版,第一部。
3. 国际劳工组织北京局:《雇佣关系的范围》,国际劳工组织2005年版。
4. 史尚宽:《劳动法原论》,台北,正大印书馆1978年重刊,第一章。

1.2　劳动法的基本概念

知识要点

1.2.1　劳动关系

★ 劳动关系的概念与分类

国际劳工组织发布的研究报告将**作为法律概念的劳动关系定义为:在雇主和劳动者之间建立的法律联系**。基于此,劳动者为雇主提供劳务并根据劳动契约获得工资。[1]

我国立法中的劳动关系概念通常强调:劳动关系是我国境内的企业、个体经济组织、民办非企业单位与劳动者之间建立的法律联系。国家机关、事业组织和社会团体与劳动者之间建立的劳动关系适用劳动法。[2]

有代表性的理论观点认为,劳动法调整的劳动关系依主体划分为个别劳动关系与集体劳动关系。前者是个别劳动者与劳动力使用者之间基于劳动契约建立的劳动关系,后者是劳动力使用者与工会等劳动者团体之间基于集体协议建立的法

---

〔1〕 参见国际劳工组织北京局:《雇佣关系的范围》,国际劳工组织2005年版。

〔2〕 参见《劳动法》第2条以及《劳动合同法》第2条。

律联系。[1] 有学者认为，劳动关系是在劳动者与雇主之间因完成劳动过程而发生以劳动力供给与生产资料相结合的社会关系。[2] 也有学者认为，劳动关系有广义与狭义之分，狭义的劳动关系指个别劳动关系；广义的劳动关系是指劳动者与劳动力使用者以及相关组织之间所形成的社会经济关系，其范围包括个别劳动关系、集体劳动关系以及社会劳动关系。[3]

★ 劳动关系的范围

劳动关系的范围与劳动者的权利保障密切相关。据国际劳工组织的研究显示，各成员国立法中定义劳动关系范围主要有四种方式：第一种是试图更准确地抽象定义雇佣关系的内涵和外延。第二种是明确区分独立性和非独立性的工作，将后者纳入劳动关系的范畴。第三种是结合前两种方式，在立法中除了关于劳动关系范围的一般性规定之外，还引入一些专门与某些工人、某类职业相关的特别规定，包括在家庭工作、远程工作、私人就业机构工人和工人合作社等新型工作形态。第四种是经由判例法将某些特殊工种或者特殊身份的受雇者纳入劳动关系范畴，劳动关系的范畴呈现出不断扩张的趋势。[4]

★ 劳动关系的特征

劳动契约与其他契约最大的区别在于劳动者处于弱势地位，劳动关系具有继续性契约关系、组织性的劳动关系以及多方当事人参与关系等多重特征。具体而言：

(1)劳资双方交涉力量不平衡性。历史的经验表明，劳动契约交涉过程中，雇主具有压倒性的优势，劳动法之重要支柱——劳动保护法就是要保障劳动者在劳动条件交涉中的交涉能力。

(2)劳动关系具有人格尊严性。劳动者履行劳动义务的过程中，其人身与劳动力不可分离，劳动关系法律规制有尊重劳动者人格权的基本理念与规则。

(3)他律性特征。劳动关系中雇主对劳动者有指挥命令的权力，但权力的行使与劳动义务的履行内容不可能由劳动契约一一明确规定。因此，劳动法为了保证雇主行使权力的妥当性而设置限制其滥用权力的规则，从而保障劳动关系的正义

---

〔1〕 参见[日]清正宽、菊池高志编：《劳动法》，有斐阁 2005 年第 4 版，第 7～8 页。

〔2〕 参见王全兴：《劳动法》，法律出版社 2008 年第 3 版，第 105～106 页。林嘉主编：《劳动法和社会保障法》，中国人民大学出版社 2016 年版，第 67 页。

〔3〕 参见常凯主编：《劳动法》，高等教育出版社 2011 年版，第 8～9 页。

〔4〕 参见[日]西谷敏：《劳动法》，日本评论社 2012 年版，第 56 页，第 64～67 页。

秩序。

(4)作为长期继续性契约,劳动契约因受到禁止解雇权滥用理论影响而对解雇权进行强制限制,并在判例中形成以诚实信用原则为核心,限制劳动关系变更自由。

(5)集团性和组织性关系。由于机器化大生产的现代劳动组织形态使劳动关系具有劳动者集团化和组织化的天然特性。

(6)劳动关系既包括个别劳动者和劳动力使用者之间的关系,也包括劳动者集团与劳动力使用者及其团体之间的关系。[1]

1.2.2　劳动者

★ 劳动者的法律概念

国外理论一般认为,劳动者的概念有私法意义上与劳动基准法意义上的概念分野。私法意义上的劳动者是指依据契约给付劳务,并换取劳动报酬的契约当事人,其范围包括雇佣契约上的劳动者、承包契约上的承包人、委任契约上的委任人等多种形态。劳动基准法上的劳动者,是指在劳动关系中处于从属地位、向雇主提供劳务,并依法获得劳动保护之人。[2]

国内有学者认为,劳动法上之劳动者应以是否具备劳动权利能力与劳动行为能力以及是否参与劳动关系为标准认定,其范围有广义与狭义之分,也可以划分为劳动力市场中的劳动者和劳动关系中的劳动者。[3] 也有学者认为,劳动者身份的法律认定标准必须基于身份事实的认定,而非抽象概念的逻辑概括,劳动者身份认定的主要标准是"劳动"这一事实。[4] 还有学者强调,应以有无对雇主的从属性作为判断劳动者身份的基准。[5]

★ 劳动者的范围

基于劳动关系的从属性,那些不具有如下特征却为他人提供劳务的人不属于劳动法上的劳动者:不独立的、由他人决定而给付劳动的自然人。因此,理论上,被排除在劳动基准法所涉及的劳动者以外的自然人应当包括:

(1)公务员和军人,他们基于公法性服务关系而工作;

---

〔1〕 参见[日]荒木尚志:《劳动法》,有斐阁2009年版,第14~17页。

〔2〕 参见[日]西谷敏:《劳动法》,日本评论社2012年版,第27~28页。

〔3〕 参见王全兴:《劳动法》,法律出版社2008年第3版,第78页。

〔4〕 参见曹燕:《劳动者的法律重释:境况、身份与权利》,载《法学家》2012年第2期。

〔5〕 参见田思路、彭浏诚:《论使用者从属关系下非典型劳动者保护的多元化》,载《中国劳动》2014年第8期。

(2)家务劳动(亲属间的生活服务),基于家庭法的基础而给付劳动;

(3)法人机关的成员(企业高管),只在特例下才会被视为劳动关系一方当事人;

(4)合伙人,他们为合伙事业或者共同经营企业提供劳务;

(5)宗教团体成员,出于宗教或者慈善目的而非为了营利或者获得报酬而提供劳务。[1]

★ 劳动者的权利

劳动者权利的体系化是劳动法基础理论中的重要课题,其理论进路有不同分野——抽象概念构建方式与类型化建构模式。前者将宪法、劳动法以及其他相关配套法规赋予劳动者的各项权利以不同的客观要素抽象简化为若干权利概念,如以劳动者个人与劳动者团体为标准将劳动者权利划分为个别劳动权和集体劳动权。[2] 后者则是依据劳动法的宗旨与理念,从雇佣关系的从属性出发,以实现依附性关系中人与人之间的公正对待的秩序为目的,将劳动者作为公民的人权利益、政治利益以及经济利益通过劳动者人权保障制度体系以及劳资对等决定劳动条件制度体系加以实现的,作为"规定功能法概念"所建构的权利概念。[3] **我国《宪法》和《劳动法》明确列举的劳动者权利包括:平等就业权、职业选择权、劳动报酬权、休息休假权、获得劳动安全保障的权利、享受社会保险和福利的权利以及提请劳动争议处理权等(《劳动法》第3条)、依法参加和组织工会的权利(《劳动法》第7条)和集体协商以及民主管理的权利(《劳动法》第8条)等。如果以抽象概念建构,这些权利可以抽象为个别劳动权(平等就业权、职业选择权、劳动报酬权、休息休假权和提请劳动争议处理权)以及集体劳动权(组织权和集体协商权等)。**如果以"规定功能法概念"的建构方式,这些权利可以划分为"劳动者的人权保障体系"(平等就业权、职业选择权、劳动报酬权、休息休假权和提请劳动争议处理权)以及"对等决定劳动条件"权利体系(组织权和集体协商权等)。

★ 劳动者的义务

学理上一般认为,作为劳动契约之一方当事人以及雇佣关系中的劳务提供者,劳动者的主要义务有三:

---

[1] 参见[德]雷蒙德·瓦尔特曼:《德国劳动法》,沈建峰译,法律出版社2014年版,第54页。

[2] 参见曹燕:《反思与重构:劳动者权利概念的类型化研究》,载《河南财经政法大学学报》2013年第1期。

[3] 关于"规定功能法概念"的意涵,请参见[德]卡尔·拉伦茨:《法学方法论》,陈爱娥译,商务印书馆2003年版,第355页。

（1）**工作义务（勤勉义务）**：劳动者依法或者依照契约，向雇主提供劳务受其支配的义务。其特点有：第一，劳动者义务具有高度身份性，非经雇主许可不得转让。第二，劳动者的义务范围受到劳动契约、集体协议的限制，雇主不得滥用权利，加重劳动者的义务。第三，履行工作义务受到劳动基准法的限制。第四，工作义务可以暂时扩张、缩小或者排除。第五，履行工作义务时负有遵从雇主指示的义务。

（2）**忠诚义务**：劳动者提供劳务时，应始终维护雇主之合法利益，这要求劳动者应极力避免或者减少雇主损失，同时，不得从事一切对雇主可能发生损害的行为。

（3）**服从义务**：劳动者负有雇主所定之合法的劳动规章的义务。

我国立法所定之劳动者的义务范围包括：完成劳动任务、提高职业技能、执行劳动安全卫生规程、遵守劳动纪律和职业道德等（《劳动法》第3条第2款）。

1.2.3　雇主

★ 雇主的法律概念

雇主即劳动力使用者。理论界对雇主概念有不同观点。有学者认为，劳动基准法上的雇主是依法负有保障劳动者最低劳动条件法律义务的各类型的劳动力使用者。劳动契约法上的雇主是指雇用他人为自己劳动之人，无论其为自然人或者法人、自己营业或者代他人营业、自己为所有者或者承租人，需要向与其以契约给付劳动之人支付报酬而成为劳动契约之当事人。雇主同时为受雇人时，如包工头、家内营业者等，对于其所使用之辅助受雇人而言是雇主，对于企业则是受雇人。[1] 有学者认为，是否具有对劳动者指挥和控制的权利是判断雇主身份的重要标准，法人、自然人、事业主、负责人等可承担雇主的义务和责任。[2] **我国劳动基准法意义上的雇主包括：中华人民共和国境内的企业、个体经济组织、民办非企业单位等组织（《劳动合同法》第2条）。**

★ 雇主的权利

雇主法律地位最核心的体现是其对劳动者的劳务请求权和指挥命令权，但对该等权利的合理基础则有不同解释路径：

辛茨海默（Sinzheimer）试图凭借马克思的理论从生产资料所有权来解释雇主权利的合理性，从而认为“依附性劳动的基础是所有权，对生产资料的所有权导致

---

〔1〕 参见刘志鹏：《雇主之概念》，载《劳动基准法释义》，台北，新学林出版有限责任公司2005年版，第26页、第27页、第29页。

〔2〕 参见谢增毅：《劳动关系的内涵及雇员雇主身份之认定》，载《比较法研究》2009年第6期。

了依附性劳动以及决定依附性的支配行为”。[1] 泽尔纳从雇主分离现象质疑以所有权定义雇主权利的合理性基础。[2] 雷蒙德认为,雇主权利根植于职业自由,对职业自由的保障也即对营业自由的保障,雇主由此获得一种类似于国家公权力对公民组织性的权力,此为雇主权利的正当基础。[3]

★ 劳动力使用者(雇主)的义务

(1)**工资给付义务**,雇主依法以劳动契约之约定,向劳动者给付工资的义务。

(2)**保护照顾义务**,基于诚信原则,与劳动者忠诚义务相对,依照宪法、法律、习惯,雇主负有的维护劳动者人格权益的义务。

(3)**促进经济地位提升义务**,这是雇主的附随义务,即劳动关系结束后,雇主应为一定改善劳动者境况之行为,如提供工作经历证明等。[4]

法律与规范链接

▲ 必读法条

《劳动法》第 2 ~ 8 条

△ 延伸法条

《宪法》第 42 ~ 45 条,第 46 条第 1 款,第 47 ~ 48 条

延伸阅读

1. 王全兴:《劳动法》,法律出版社 2017 年第 4 版,第四章、第六章。
2. 林嘉主编:《劳动法和社会保障法》,中国人民大学出版社 2016 年版。
3. 常凯主编:《劳动法》,高等教育出版社 2011 年版。
4. 国际劳工组织:《雇佣关系的范围》,国际劳工组织 2003 年版。

---

〔1〕 参见[德]辛茨海默:《劳动法概要》;转引自[德]雷蒙德·瓦尔特曼:《德国劳动法》,沈建峰译,法律出版社 2014 年版,第 55 ~ 56 页。

〔2〕 参见[德]阿尔弗雷德·泽尔纳:《劳动之法》;转引自[德]雷蒙德·瓦尔特曼:《德国劳动法》,沈建峰译,法律出版社 2014 年版,第 56 页。

〔3〕 参见[德]雷蒙德·瓦尔特曼:《德国劳动法》,沈建峰译,法律出版社 2014 年版,第 56 页。

〔4〕 参见黄越钦:《劳动法新论》,台北,翰庐图书出版有限公司 2015 年第 5 版,第 292 ~ 298 页。

第2章 现行劳动法的基本构造与立法动态

教学目标

了解我国劳动法的法律渊源和框架体系；
了解我国现行劳动法律制度的内容和立法动态。

推荐参考资料

1. 王全兴:《劳动法》,法律出版社2008年第3版,第四章。
2. 林嘉主编:《劳动法和社会保障法》,中国人民大学出版社2014年版,第一章。
3. 谢德成主编:《劳动法和社会保障法》,中国政法大学出版社2017年版,第一章。

2.1 现行劳动法律制度概述

知识要点

2.1.1 劳动法的渊源

劳动法的渊源是指劳动法律规范的具体表现形式,表明劳动法律规范以什么形式存在于法律体系中,告诉人们从何处找到劳动法律规范。[1]

(1)**宪法**。宪法是国家的根本大法,具有最高的权威性和法律效力。宪法关于劳动的规定保证了劳动法的权威与劳动法制的统一。作为上位法的宪法对下位法具有指导、规范、制约和引导的作用,使它成为劳动立法的立法宗旨、原则、意义、内容的重要依据。宪法规定了劳动者拥有劳动的权利,从根本大法的层面确认

---

〔1〕 参见王全兴:《劳动法》,法律出版社2008年第3版,第53页。

了劳动者的劳动权，成为劳动法对劳动者权利义务规定的基础，成为劳动法的重要渊源。

（2）**法律**。法律是指全国人大及其常委会制定或修改的规范性法律文件，其效力仅次于宪法。劳动法的基本法和各单行法集中体现了我国劳动立法对劳动者的权益保障，对劳动用工行为的规范和要求以及建立和谐稳定劳动关系的立法目的。

（3）**行政法规。指由国务院根据宪法和法律的有关原则制定的规范性法律文件，对宪法和法律相关规定的实施作了有效保障。国务院在劳动合同保护、特殊劳动者保护、劳动用工监督检查等方面进行了规定，对一些法律文件进行了补充和说明，促进法律规范进一步有效实施。**

（4）**部门规章。指国务院所属部门制定的规范性文件。这些规章大多数是针对某个专门的领域作出的专项规定。**

（5）**地方性法规和地方性规章。这些规定具有极强的地域性，是结合本地区的特殊情况作出的规定和办法。**

（6）**国际劳工公约。对批准的成员国具有约束力。我国作为国际劳工组织成员国，先后批准了 25 个公约，这些公约对促进我国的劳动立法起到重要作用，是我国劳动法的重要组成部分，如《消除就业和职业歧视公约》《建筑业安全卫生公约》等。**

除了以上内容之外，劳动法的渊源还有：

（1）**劳动政策**。劳动政策与劳动法规的联系十分密切，劳动法规的内容往往来源于劳动政策，劳动政策对劳动法规的内容具有铺垫的作用，成为其有效的补充。

（2）**规范性文件的司法解释**。是指法定对劳动法律、法规有解释权的国家机关就劳动法律、法规在执行中的问题所作的具有普遍约束力的解释。[1]

（3）**用人单位的劳动管理规章制度**。主要是指在劳动用工领域由用人单位依法制定，在劳动的过程中对用工行为进行管理和规范的一系列规定。

（4）**集体合同**。是指劳动者团体和用人单位或用人单位团体就劳动条件、劳动标准，经过集体谈判达成的协议。集体合同整体性的规定对劳动关系双方具有法律约束力。它能够全面、灵活地反映劳动关系双方的力量对比，反映双方的意志与利益，补充法律或行政法规的不足。因而，市场经济国家通常将集体合同视为劳动法律渊源。

---

〔1〕 参见郭捷主编：《劳动法与社会保障法》，中国政法大学出版社 2012 年第 4 版，第 27 页。

2.1.2 劳动法的体系

(1)**劳动合同制度**。对劳动合同的形式、种类、内容、订立、履行、变更、解除、终止及违约责任进行了详细规定。

(2)**就业促进制度**。主要是政府顺应市场经济发展的需要,为劳动者就业搭建平台、制定就业政策、提供就业岗位、进行就业指导与服务,保障劳动者的平等就业权,为建立和谐稳定的劳动关系而应履行的职责和采取的措施。

(3)**劳动基准制度。是国家为保护劳动者的利益而制定的有关劳动条件与劳动待遇的最低标准,对用人单位劳动义务所作的最低标准的规定。**

(4)**劳动争议处理制度**。是协调劳动关系、化解劳动关系矛盾、校正劳动关系的重要途径。包括劳动争议的受案范围、处理机构、处理程序等方面的规定。

(5)**社会保险制度。当劳动关系消灭以及劳动力全部或部分丧失时,以保障劳动者的基本生活为目的,通过保险基金对劳动者进行有效的保障。**

(6)**劳动保障监察制度**。是指国家专门行政机关运用行政监察权,对用人单位的劳动用工行为以及劳动法律规范的落实情况进行监督,对违法行为进行处罚。主要规定了劳动保障监察机构及其职权,劳动保障监察范围、程序及处理等内容。[1]

(7)**集体合同制度。对集体协商、集体合同内容、集体合同变更、集体合同解除等作出全面的规定。**

(8)**法律责任制度**。是对用人单位和各种劳动法主体因违反劳动法而依法应当承担的法律后果的规定。[2]

2.2 现行劳动法律制度的内容

知识要点

2.2.1 劳动基本法——《劳动法》

《劳动法》于1994年7月5日经全国人大常委会审议通过,1995年1月1日正

---

〔1〕 参见郭捷主编:《劳动法与社会保障法》,中国政法大学出版社2012年第4版,第29页。

〔2〕 参见王全兴:《劳动法》,法律出版社2008年第3版,第482页。

式生效实施。作为劳动基本法，对调整转型经济的劳动关系，保护劳动者合法权益具有里程碑的意义。《劳动法》的起草经历了三个时期:1956年、1979年、20世纪90年代初期，起草工作一波三折，最终于1994年提请全国人大常委会审议通过。**《劳动法》的实施为市场经济的运行、市场配置下劳动用工关系的形成奠定了基础。法律对劳动合同当事人的缔约行为、权利义务，对政府促进就业、劳动监察职责的履行，劳动基准的最低标准，以及特殊劳动者的法律保护，法律责任的承担，劳动争议纠纷的处理等内容进行了规定，为中国劳动法律规范的完善和发展打下了坚实的基础。**

2.2.2　劳动合同制度——《劳动合同法》

2008年《劳动合同法》的实施标志着我国劳动立法在经历十几年后得到了巨大的发展。《劳动合同法》是适应市场经济的发展，协调劳动关系的法律规范。在劳动力市场发生深刻变革、劳动力资源优化配置、企业效益不断提高、劳动者权利日益完善的市场运行中发挥着重要作用，是中国特色社会主义法律体系中社会法的有机组成部分。

《劳动合同法》明确了劳动法律规范既是劳动者权益保护法也是劳动关系协调法，从劳动关系的主体和内容上进一步扩大了劳动法的适用范围，把劳动法的适用范围从典型劳动关系的领域扩大到非典型劳动关系领域，对劳务派遣、非全日制用工作出了规定。对无固定期限劳动合同、试用期、劳动合同的解除和终止、劳动合同的违约责任等方面的规范进行了发展和完善，为劳动者权利保护、劳动关系协调发展、社会的稳定、经济的发展提供了法律保障。

《劳动合同法》颁布实施后，2008年9月13日国务院为了落实《劳动合同法》的相关规定，颁布实施了《劳动合同法实施条例》。2012年12月28日全国人大常委会对《劳动合同法》进行修正，这次修正主要针对劳务派遣制度的相关内容进行，新修正的《劳动合同法》自2013年7月1日起施行。新的《劳动合同法》进一步完善了劳动合同立法，也更好地规范了劳务派遣制度。

2.2.3　就业促进制度——《就业促进法》

《就业促进法》(2007年8月30日通过，自2008年1月1日起施行，2015年4月24日修正)的实施，开启了就业促进工作的新时代，为解决日益严重的就业问题提供了有力的制度保障，是我国促进就业工作走向法治化的关键一步。随着市场经济的发展和完善，劳动力的配置由市场进行调配，劳动关系的形成更多取决于劳动关系当事人的双向选择。政府为劳动者就业搭建平台、提供就业岗位和机会、组织就业培训、制定就业政策、对就业市场进行监督。通过一系列职能的履行和配套措施的构建,促进了劳动者的就业和职业发展,也对劳动力市场的资源配置起到了积极作用。

2.2.4 劳动基准制度

劳动基准制度是有关劳动报酬和劳动条件最低标准的法律规范的总称,是强制性的法律规范。用人单位提供的劳动报酬和劳动条件等不能低于基准法规定的最低标准。我国劳动基准制度主要包括工时基准、休息休假基准、工资支付基准、最低工资基准、工资支付保障基准、劳动安全卫生基准、特殊劳动者保护基准、特殊工作岗位保护基准等内容。劳动基准制度的实施对劳动者的劳动报酬权、休息休假权、劳动安全与生命健康权进行了最基本的保护。对在劳动关系运行中的特殊群体和存在特殊情况的部分劳动者进行了特别保护,体现了劳动法律规范对劳动者基本人权的尊重,对劳动者可持续发展发挥着基础作用。

★ 2.2.5 集体合同制度

集体合同制度一般包括集体合同的订立、变更、解除、形式及效力等内容。我国目前没有集体合同法,只有2004年的《集体合同规定》,另外,《劳动法》第33~35条、《劳动合同法》第51~56条规定了集体合同制度。集体合同制度是保护劳动者权利、缓和劳资矛盾、协调劳动关系、维护正常的劳动秩序与生产秩序的有效手段。

☆ 2.2.6 劳动争议处理制度——《劳动争议调解仲裁法》

中华人民共和国成立后,我国就开始着手劳动争议处理的立法,初步形成了一套包括协商、调解、仲裁和审判的劳动争议处理制度,但是在法规的实施过程中出现了中断,直到1987年7月国务院发布了《国营企业劳动争议处理暂行规定》,劳动争议处理制度的实施才得以恢复。随后又颁布了一些劳动争议处理的法规,1994年的《劳动法》第十章对劳动争议处理的相关内容又作了进一步的规定。到了21世纪,随着劳动争议案件的不断增加以及案件复杂性、对抗性的增强,调解作用性的减小,仲裁的处理能力日益减弱,为了实现以人为本、关注民生、发展经济、创造和谐的目的,全国人大常委会经过三审,历时两年,于2007年制定了适合我国国情的《劳动争议调解仲裁法》。该法明确了**我国劳动争议处理的核心是以调解作为选择,仲裁为必经,部分案件对用人单位实行有限的"一裁终局",不服仲裁请求诉讼的处理规则**。在司法实践中,最高人民法院为了适应经济的发展、及时有效地解决争议和纠纷、保护劳动者合法权益、建立稳定劳动关系,分别出台了一些有关审理处理劳动争议案件的司法解释，进一步完善了我国的劳动争议处理制度。

★ 2.2.7　劳动保障监察制度

劳动保障监察是国家政府行政机关对劳动用工领域依法干预的责任体现，是维护劳动者权益的重要强制性手段，对维护劳动力市场平衡、稳定，促进劳动法律法规的贯彻实施，维护劳动关系的正常运行和发展，实现劳动关系主体的利益，促进市场经济的健康发展具有重要的意义。

2004 年国务院发布了《**劳动保障监察条例**》，**明确规定了行政机关实施劳动保障监察权的范围、规则、内容、程序**，在劳动保障监察执法过程中的权利义务，同时也对劳动保障监察机构及监督员的行为素质提出了要求。《**劳动法**》**第十一章**、《**劳动合同法**》**第六章也对劳动行政机关的监督检查进行了规定。劳动保障监察制度通过公权力的适度干预，有效地规范了用人单位的用工行为，保护了劳动者权利，促进了劳动关系的稳定和发展。**

★ 2.2.8　社会保险制度——《社会保险法》

我国的社会保险制度开始于 20 世纪 50 年代初，包括养老、工伤、医疗、生育保险等，1986 年又建立了待业保险制度，促进了社会稳定和经济发展，保障了职工生活。我国社会保险制度的实施从城镇职工开始，1994 年劳动部颁布《**企业职工生育保险试行办法**》，1997 年国务院发布了《**关于建立统一的企业职工基本养老保险制度的决定**》，1998 年国务院发布《**关于建立城镇职工基本医疗保险制度的决定**》，1999 年出台《**失业保险条例**》，2004 年出台《**工伤保险条例**》，这些法规的实施标志着我国企业职工的社会保险制度的日益完善，我国劳动者的社会保险体系已经基本构建成功。

为了进一步建立统一规范的社会保险体系，发挥社会保险制度对人民群众的保障作用，体现中国社会保障立法的进步，2010 年通过了《**社会保险法**》，自 2011 年 7 月 1 日起施行。该法是中华人民共和国成立以来第一部社会保险制度的综合性法律。确立了我国社会保险制度的基本框架，规范了社会保险制度的实施，成为其发展的强有力保证，也为我国社会保障立法奠定了基础。

延伸阅读

1. 周国良：《劳动法律体系的完善和调整》，载《中国劳动》2015 年第 9 期。
2. 郑尚元、郑晓珊：《依法治国与劳动和社会保障立法之科学化》，载《中国劳动》2015 年第 2 期。

第3章　劳动合同的订立、履行与变更

教学目标

识记和理解劳动合同的概念和特点；
识记和理解劳动合同法的基本构造；
识记和理解劳动规章的概念、效力；
理解并应用劳动合同成立的法律规制；
识记并理解劳动合同的附随义务；
识记并理解劳动合同履行与变更的法律规制。

推荐参考资料

1. 王全兴：《劳动法》，法律出版社2017年第4版，第四至六章。
2. 刘俊主编：《劳动与社会保障法学》，高等教育出版社2017年版，第一章。
3. 常凯主编：《劳动法》，高等教育出版社2011年版，第一章第一节、第三节。
4. 林嘉：《劳动法的原理、体系与问题》，法律出版社2016年版，第二章第三节、第五节。

3.1　概　　述

知识要点

3.1.1　劳动合同的概念与特点

★ 劳动合同的概念

《劳动合同法》(2012年12月28日修正)并没有明确界定劳动合同的定义。一般而言，**劳动合同是劳动者与劳动力使用者对劳动者提供劳务以及劳动力使用者**

支付工资等劳动条件的合意。尽管与民法上雇佣合同的概念形式并无不同，但是，现代劳工政策决定了劳动合同规制方式具有不同于民事合同的特殊性。[1] 我国《劳动合同法》以保护劳动者的合法权益、构建和发展和谐稳定的劳动关系为宗旨(《劳动合同法》第1条)，这决定了我国劳动合同与合同法规制具有显著分野。

★ 劳动合同的特征

1. 合同内容的整体统一性

民商事合同当事人得以意思自治决定合同内容，从而使其内容因人而异。然而，为同一雇主提供劳务的劳动者签订的劳动合同的主要内容却大致相同，体现出整体统一性。由于双方谈判地位不对等，订立个性化的合同条款一般是不可能的。然而，劳动合同内容毕竟事关劳动者能否获得体面的劳动条件，因此，为保护劳动者利益，一般由体现国家劳动保护目的的劳动基准法律条款(如工资与工作时间等)以及集体合同所定之劳动条件等强制性规定作为设定劳动合同内容的基础，劳资自由合意的空间被大大压缩。[2] 但是，这并不意味着在个别劳动关系中没有合意或者不得合意，只是应在符合强制性规定的前提下进行合意，以保证合意不因身份不平等而违背自主决定的现代法律原则。

2. 具有强烈的身份性与组织化特性

民事合同保护的是以物为客体的交易关系。然而，劳动关系中交易客体之劳动力与劳动者人身不可分离，而现代法律原则确认，不能将人作为客体。同时，劳动者订立劳动合同以获得维持体面生活的劳动条件为主旨，因此，劳动合同对劳动者而言，是依法依约获得劳动保护而进行身份确认的工具。该身份之意蕴十分丰富，不仅意味着劳动者有权获得劳动保护，同时也意味着劳动者与雇主之间人身信赖关系维护成为双方之义务。劳动者也因此获得参与工会组织、行使集体行动权利的身份。劳动合同具有强烈的身份性和组织化特性，因此，劳动合同内容具有债权性、身份性和组织性等多重复合的特征。[3]

3.1.2　劳动合同法的主要内容

★ 劳动合同法基本原则

《劳动合同法》第3条所规定的基本原则内容如下：

---

〔1〕 参见[日]中窪裕也等：《劳动法的世界》，有斐阁1996年版，第31页。

〔2〕 参见[日]西村健一郎等：《劳动法讲义3》，有斐阁1981年版，第54~55页。

〔3〕 同上注，第55~56页。

1. 合法原则

合法原则要求劳资双方之行为必须符合劳动法律秩序，并因此获得法律效力。所谓劳动法律秩序，是指贯彻国家劳动政策、体现国家理性的劳动基准法，维持和提高劳动条件的劳资集体协议和劳动合同、劳动监察、争议解决制度以及国际劳动标准等规制劳动关系运行的立法、政策、条约、协议等制度。任何背离劳动关系秩序基础的行为都将失去合法性。合法原则将我国《劳动合同法》与合同法进行制度分野，为个别劳动合意提供法律基础并限定其范围，奠定了我国《劳动合同法》的基准法性质。

2. 公平原则

公平原则旨在防止雇主滥用权力，保障处于依附地位之劳动者在劳动关系中获得体面的劳动条件，从而保障其人权利益。这一原则包含以下保障劳动者人权的派生性原则：

(1)均等待遇原则。要求劳动合同订立、履行与终止诸环节，派遣劳动者、非全日制劳动者等非正规劳动者应享有与正规雇用劳动者同等待遇，不得歧视该等劳动者。

(2)平衡工作与家庭生活原则。为了保障劳动者生命健康与安全，使劳动者能有更多时间投入家庭生活和社会活动，增强其与社会的联系，以达到维持培养劳动力的目的。劳动合同内容必须符合有关工作时间、工资、劳动安全卫生等强制性规范，并可随集体协议不断提高劳动条件。

(3)禁止权力滥用原则。雇主依据劳动合同享有对劳动者行使指挥命令权、业务命令权、人事权、惩戒权、派遣命令权、解雇权等直接支配劳动者行动的权力，劳动者对其负有忠诚与服从义务，这无疑拓展了雇主滥用权力的空间，因此，劳动合同法中解雇限制制度等均以禁止权力滥用为主旨，以实现劳资利益之衡平。[1]

3. 合意原则(平等自愿、协商一致)

劳动合同成立、变更与终止都存在当事人合意之空间。然而，与一般合同关系不同，劳动关系具有从属性特征，身份地位不平等的劳资之间的合意只有在符合劳动法秩序时才获得法律效力。正因为劳动者与雇主身份地位不平等，所以劳资合意不以劳资之间抽象的人格平等为基础，而以建立在劳动基准法、集体劳动关系法和劳工政策基础上的劳资对等力量为前提，即劳动合同法上的合意应当建立在“劳

---

〔1〕 参见[日]菅野和夫:《劳动法》，有斐阁2000年第10版，第88页。

资对等决定劳动条件"的基础上，成立、变更和终止劳动合同应以劳资对等协商为基本立场。[1]

4. 诚实信用原则

诚实信用原则来源于民法，在劳动法中其意涵并无二致。一般而言，诚信原则要求劳资双方都应当诚实遵守劳动合同、全面履行合同，善尽合同义务。然而，诚信原则在劳动合同法中更为强调对劳动规章的合理解释，防止雇主滥用权力，以维护劳资信赖。[2]

★ 劳动合同的权利义务体系

劳动合同的基本权利义务有三类。其一，因劳动者提供劳务与雇主支付工资而产生的权利义务。其二，劳动关系具有从属性特征，雇主对一般劳动者有指挥命令权，同时，对于具有较大自由裁量权的劳动者履行劳务有业务命令权，总称为组织性的权利，包括人事权（即雇主有权决定录用劳动者，如何配置职位、派遣、晋升、人事考察、停职或者解雇），业务命令权以及惩戒权等。其三，是由劳资信赖和诚信原则衍生的权利义务，即劳动合同之附随义务，包括商业秘密保护义务、竞业禁止义务等。[3]

★ 劳动合同法的适用范围

《劳动合同法》第2条采属地与属人原则确定适用范围，属地范围为中华人民共和国境内。就属人范围而言，并未像国外立法例采用列举的方式列明适用该法的人群，而是以雇主的组织形式划定法律适用范围，**规定企业、个体经济组织、民办非企业单位等组织以及与其建立劳动关系的劳动者适用该法**。同时，将与国家机关、事业单位、社会团体以及与其建立劳动关系的劳动者纳入该法适用范围。《劳动合同法实施条例》第3条又将**会计师事务所、律师事务所等合伙组织和基金会也纳入《劳动合同法》的适用范围**。

3.1.3　劳动规章

★ 劳动规章的概念

现代企业采用组织化劳动形式，为方便管理多名劳动者，提高业务管理活动的效力，有必要统一规定劳动条件和劳动纪律，因此，雇主用劳动规章将适用于工作

---

[1] 参见［日］菅野和夫：《劳动法》，有斐阁2000年第10版，第86～87页。

[2] 同上注，第88页。

[3] 同上注，第90～97页。

场内所有劳动者的劳动条件和劳动纪律明确记载并让劳动者周知。[1]

★ 劳动规章的形成与效力

劳动规章是雇主行使其对劳动者指挥命令权以及惩戒权的主要依据，直接关涉劳动者的切身利益。为防止雇主利用劳动规章滥用权力，任意损害劳动者利益，劳动规章的制定及效力受到法律强制性规范。

《劳动合同法》第4条第1款、第2款强制雇主必须制定规章制度以保障劳动者权利、履行劳动义务，并要求凡制定、修改和决定关涉劳动者切身利益的重要劳动条件的规章制度，不能由雇主单方决定，而应当与工会或者职工代表协商确定，其间，规章制度应当经职工代表大会或者全体职工讨论并提出方案与意见。

由于规章制度直接涉及劳动者利益，因此，立法一般要求规章制度必须经公示后才发生法律效力。然而，我国《劳动合同法》第4条第4款却降低了效力发生的条件：一方面，不要求公开所有规章制度，只要求公开与劳动者切身利益直接相关的规章制度；另一方面，公开方式不限于公示，也可以通知劳动者，降低了规章制度效力实现的难度。

★ 规章制度损害劳动者利益之禁止

《劳动合同法》第80条规定了禁止用人单位滥用规章制度损害劳动者利益以及相关法律责任。

法律与规范链接

▲ 必读法条

《劳动合同法》第1～6条

△ 延伸法条

《劳动合同法实施条例》第1～3条

延伸阅读

1. [德]雷蒙德·瓦特尔曼：《德国劳动法》，沈建峰译，法律出版社2014年版，第一编。
2. 黄越钦：《劳动法新论》，台北，翰芦图书出版有限公司2015年第5版，第一部。
3. 史尚宽：《劳动法原论》，台北，正大印书馆1978年重刊。

---

〔1〕［日］荒木尚志：《劳动法》，有斐阁2009年版，第288页。

3.2　劳动合同的订立

知识要点

3.2.1　劳动合同的成立

★ 劳动关系建立的“事实第一原则”

为了应对雇佣劳动关系范围的不确定对劳工保护的不利影响，国际劳工组织认为，“确认劳动关系是否存在，应当在事实——有关各方已经实际上同意，并在工作中实现的事实——而不是合同的名称的指导下进行，这就是法律上所说的‘事实第一原则’”。[1] **《劳动合同法》第 7 条明确了我国确认劳动关系的标准应当坚持“事实第一原则”，将“用工”作为劳动关系成立的法定标准。所谓“工”指的是劳动者实际向雇主提供劳务，“用”指的是雇主受领该劳务并对劳动者行使指挥命令权等行为。该等行为因《劳动合同法》第 7 条的规定而直接产生法律效力，**即在劳动者和雇主之间建立了法律联系——劳动关系，劳资之间的权利义务因劳动关系的建立而产生。就劳动合同的性质而言，一般认为是劳动者与雇主就工资支付与劳务提供达成的合意。对于劳动关系建立与劳动合同的关系问题，应当尊重立法所采“事实第一”的立场，将劳动关系建立的事实原则看作劳动法秩序直接认可，劳动合同订立以劳动关系建立为基础。

★ 劳动合同的书面形式

据前所述，劳动关系的建立以“用工”的事实为标志，然而，我国《劳动合同法》**要求建立劳动关系应当订立书面劳动合同（第 10 条第 1 款），但是，不签订书面劳动合同并不影响劳动关系的法律效力。**因为，如果雇主和劳动者在用工之前已经订立书面劳动合同，劳动关系仍在用工之时建立（第 10 条第 3 款）。

如果已经建立劳动关系但没有同时签订书面劳动合同，劳动关系有效，雇主未在用工的同时订立书面劳动合同，仍应依法向劳动者支付劳动报酬（第 11 条）。

不签订书面劳动合同的，依照用工期限的不同，分别承担以下法律责任：补订书面劳动合同（自用工之日起一个月内）、视为已经订立无固定期限劳动合同（自用

〔1〕 参见国际劳工组织：《雇佣关系的范围》，国际劳工组织 2003 年版，第 23 页。

工之日起满一年)、补订书面合同并支付两倍工资(自用工之日起超过一个月不满一年或不依法签订无固定期限劳动合同的)。(《劳动合同法》第10条第2款、第14条第3款以及第82条)。从该等规定可以看出,我国《劳动合同法》强制劳动合同书面形式的初衷是将其作为劳动关系建立的证据,为了防止作为继续性合同,因劳动关系维系中的不确定因素而导致的欺诈行为。《劳动合同法实施条例》更进一步地完善了防止欺诈的规范(《劳动合同法实施条例》第5条和第6条第1款)。

3.2.2　劳动合同的内容

《劳动合同法》第17条明确规定了劳动合同的必备条款,第18条规定了劳动合同缺少必备条款的补救措施。

3.2.3　劳动合同的期限

★ 劳动合同期限的种类

(1)**固定期限的劳动合同**,是指劳资双方就劳动合同存续约定明确的起止时间,当合同期限界满时,效力归于消灭,双方权利义务终止。

(2)**无固定期限的劳动合同**,是指“没有明确规定合同有效期限,劳动关系可以在劳动者的法定劳动年龄范围内和企业的存在期限内持续存在,只有在符合法定或约定的情况下,劳动关系才可终止”的劳动合同。[1]

(3)**以完成一定工作为期限的劳动合同**。这是一种特殊的固定期限劳动合同,是把完成某项工作规定为合同终止条件的劳动合同。

★ 我国劳动合同期限的制度构造

《劳动合同法》没有对固定期限劳动合同作出强制性规范(第13条第2款),但是强制规定了签订无固定期限劳动合同的情形(第14条);《劳动合同法实施条例》对强制签订无固定期限劳动合同的服务年资认定标准进行了规定(第9条、第10条),并规范了如何处理争议条款问题(第11条)。

3.2.4　试用期

《劳动合同法》第19条严格规定了试用期的期限,以防止雇主滥用试用期,维持劳动关系稳定。《劳动合同法实施条例》第15条规定了试用期的最低工资保障措施。

---

〔1〕 参见王全兴:《劳动法》,法律出版社2004年第2版,第125页。

法律与规范链接

▲ **必读法条**

《劳动合同法》第 7 ~ 21 条

△ **延伸法条**

《劳动合同法实施条例》第 4 ~ 15 条

延伸阅读

1. [德]雷蒙德·瓦特尔曼:《德国劳动法》,沈建峰译,法律出版社 2014 年版,第一编。
2. 黄越钦:《劳动法新论》,台北,翰芦图书出版有限公司 2015 年第 5 版,第一部。
3. 史尚宽:《劳动法原论》,台北,正大印书馆 1978 年重刊。

3.3 附随义务

知识要点

3.3.1 概述

劳动合同法之诚实信用原则使劳资双方均负有促使双方理解合同并全面履行合同的附随义务。我国《劳动合同法》对附随义务的规定主要有:**告知义务**(第 8 条)、**身份担保禁止义务**(第 9 条)、**协助义务**(第 50 条、第 89 条)、**无效劳动合同之劳动报酬支付义务**(第 28 条)、**商业秘密保护和竞业限制义务以及服务期的相关义务**。

3.3.2 商业秘密保护与竞业限制义务

基于诚实信用原则以及公平竞争的理念,劳动法一般通过合同使劳动者在离职后负有不与雇主进行同行竞争以及保障雇主商业秘密的义务,并使其从雇主处获得经济补偿,从而平衡雇主与劳动者在市场竞争与自由择业之间的利益冲突。

《劳动法》规定了劳动者依约定承担保护雇主商业秘密和知识产权有关秘密的义务(第 22 条)。

3.3.3 劳动合同的服务期

★ 服务期的法律意义

服务期合同是指雇主为劳动者提供专项培训费用进行专业技术培训后而与其签订的最低服务期限的合同，如果劳动者在服务期届满前离职，应当依法承担违约责任。黄程贯教授通过判例归纳出服务期合同的功能：(1)降低劳动者离职率；(2)确保雇主对劳动者技能形成之成本回收；(3)促使劳动者技能提升。[1]

★ 服务期违约金的除外适用

如果劳动者依照《劳动合同法》第38条的规定被迫辞职，那么，尽管其与用人单位约定了服务期，此时辞职不属于违反服务期约定，用人单位无权要求劳动者支付违约金(《劳动合同法实施条例》第26条第1款)。

★ 服务期违约金酌减的法理依据

关于服务期违约金的目的，黄程贯教授认为，虽然违约金是为了确保雇主利益，但是为了防止滥用权力，不能照搬民法上违约金自由约定之规则，明确劳动者有权选择对自己有利的赔偿方法。当劳动者违反费用返还型违约金的约定时，要承担的不是违约金的债务不履行责任，而是返还先前已经领取的对待给付，往往形成“天价”违约金，导致劳动者无法再行择业，因此，应当准许法官适用违约金酌减规定，从而平衡劳资利益。[2]

法律与规范链接

▲ **必读法条**

《劳动合同法》第22~28条

△ **延伸法条**

《劳动合同法实施条例》第16条、第17条、第26条

---

[1] 参见台湾劳动法学会编：《劳动基准法释义》，台北，新学林出版有限责任公司2005年版，第211页。

[2] 同上注，第224~225页。

延伸阅读

1. [德]雷蒙德·瓦特尔曼:《德国劳动法》,沈建峰译,法律出版社2014年版,第一编。
2. 黄越钦:《劳动法新论》,台北,翰芦图书出版有限公司2015年第5版,第一部。
3. 史尚宽:《劳动法原论》,台北,正大印书馆1978年重刊。

3.4　劳动合同的履行与变更

知识要点

3.4.1　劳动合同的履行

《劳动合同法》规定劳资双方都负有全面履行合同的义务(第29条);强调用人单位应当及时足额支付劳动报酬,否则,劳动者可以向法院申请支付令(第30条);严格限制加班(第31条);严格禁止用人单位违反安全生产责任的行为,免除用人单位不法命令之劳动义务(第32条)。然而,如何理解劳资双方"全面履行"劳动合同之义务,是劳动合同履行法律规制的核心,但国内理论界少有论及。

3.4.2　劳动合同的变更

★ 合意变更

用人单位与劳动者协商一致可以变更劳动合同约定的内容,但应当以书面形式变更劳动合同(《劳动合同法》第35条)。

★ 除外适用

当用人单位的名称、法定代表人、主要负责人或者投资人等事项发生变更时,不影响劳动合同的履行(《劳动合同法》第33条)。用人单位的主体资格发生变更,如合并或者分立时,不影响劳动合同的效力,原劳动合同由承继其权利和义务的用人单位继续履行(《劳动合同法》第34条)。

法律与规范链接

▲ 必读法条

《劳动合同法》第29~35条

△ **延伸法条**

《劳动合同法实施条例》第 14 条

延伸阅读

1. [德]雷蒙德・瓦特尔曼:《德国劳动法》,沈建峰译,法律出版社 2014 年版,第一编。
2. 黄越钦:《劳动法新论》,台北,翰芦图书出版有限公司 2015 年第 5 版,第一部。
3. 史尚宽:《劳动法原论》,台北,正大印书馆 1978 年重刊。

第4章　劳动合同之终止

教学目标

了解劳动合同终止的意义；
识记和理解劳动者辞职的法律规制；
了解和识记劳动合同终止的规制；
理解禁止解雇权利滥用法理；
识记和理解惩罚性解雇的事由、程序与法律责任；
识记并理解一般性解雇的事由、程序和法律责任；
识记并理解裁员的事由和程序。

推荐参考资料

1. 王全兴:《劳动法》,法律出版社2017年第4版,第七章第六节。
2. 刘俊主编:《劳动与社会保障法学》,高等教育出版社2017年版,第四章第四节。
3. 常凯主编:《劳动法》,高等教育出版社2011年版,第一章第一节、第三节。
4. 林嘉:《劳动法的原理、体系与问题》,法律出版社2016年版,第四章第五节。

4.1　概　　述

知识要点

4.1.1　劳动合同终止的意义

劳动关系一般会因发生下列情形而终止:**劳动者死亡或达到法定退休年龄、用人单位依法破产、解散、劳动合同期限届满、劳动者单方意思表示解约(辞职)、劳资**

之间合意解约以及解雇等。在实践中，辞职、合意解约以及解雇将终结劳资之间的信赖关系且对劳动者生活影响甚巨，常常在劳动关系终止之后纷争再起，为了避免此种尴尬之境，劳资双方负有以书面形式为该等行为之义务。劳动法也对该等终止情形进行强制性规范。[1] 劳动合同终止法律制度包括：劳资合意解除劳动合同规则、劳动者辞职规则、解雇限制规则以及劳动合同终止规则等。

4.1.2 劳动者辞职的法律规制

劳动者欲辞去工作，一般有两种情形：**自愿辞职**和**被迫辞职**。**辞职是劳动者基于人身自由而享有的形成权**。国际劳工组织《强制或强迫劳动公约》将任何以惩罚相威胁，强迫任何人从事非本人自愿的一切劳动或者服务称为强迫劳动并严格加以禁止。[2] 因此，当劳动者不愿再为雇主提供劳务并受其支配而提出辞职时，无须征得雇主准许，否则，将有违禁止强迫劳动的法律原则。因此，劳动者的辞职为形成权。正因为劳动者的辞职是形成权，对雇主的管理和经营秩序有直接影响，为公平起见，劳动法对劳动者自愿辞职规定了预告义务。不履行预告义务，应该承担债务不履行的违约责任，在此种情形下，雇主并无任何过错，不必向劳动者支付补偿金。同时，为防止劳动者滥用辞职权，有立法对劳动者行使辞职权的时机有一定限制：如果劳动者是接受前任之工作而签订劳动合同，并且前任已经离职，劳动者虽然已试用期届满但不得在此时机辞职。[3] 被迫辞职是指因为雇主之过错，劳动者不堪忍受而辞职。此种情形之下辞职，雇主应当支付经济补偿金。《劳动合同法》并没有对自愿辞职作出明确规定，但是，对于被迫辞职的事由、程序以及法律责任都作出了明确规定。

★ 预告辞职的事由与程序

《劳动合同法》第 37 条及第 38 条第 1 款规定了劳动者提前通知雇主后可以辞职的事由与程序。

★ 即时辞职的事由与程序

《劳动合同法》第 38 条第 2 款详细规定了劳动者不必提前通知雇主就可以径行辞职的事由。

---

[1] 参见［日］西谷敏：《劳动法》，日本评论社 2013 年第 2 版，第 388～389 页。

[2] 参见国际劳工组织北京局：《国际劳工公约和建议书 1919－1993》（第 1 卷），国际劳工组织 1994 年版，第 32 页。

[3] 参见黄越钦：《劳动法新论》，中国政法大学出版社 2003 年版，第 155～156 页。

★ 法律后果

《劳动合同法》**第46条第1款规定,劳动者被迫辞职,雇主有过错,应当向劳动者支付经济补偿金。在第88条所规定的情形下,劳动者不仅可以即时辞职,用人单位还应当受到行政处罚;构成犯罪的,应被依法追究刑事责任,给劳动者造成损害的,还应当承担赔偿责任。**

4.1.3 劳动合同之终止

非依劳资双方意思表示的法定事实之发生致使劳动合同终了的情形称为劳动合同终止。《劳动合同法》第44条规定了劳动合同终止的**法定事由**;《劳动合同法》第46条第6项及第48条、第80条,《劳动合同法实施条例》第25条都规定了违法终止劳动合同的法律责任;《劳动合同法》第50条,《劳动合同法实施条例》第24条规定了劳动合同终止后的附随义务;《劳动合同法》第89条规定了违反劳动合同终止附随义务的法律责任。

4.1.4 解雇权滥用规制理论

解雇权是雇主专享之权利,其权利属性为形成权。但是,解雇对于劳动者的生活安定具有极大冲击,意味着劳资信赖关系的断绝,对于劳动关系安定之法律规制目的实现影响甚巨。因此,防止解雇权利滥用是劳动立法的重点关注内容。

★ 客观合理之理由

解雇权合理行使的理由,从劳动者一方来看,一般包括:劳动者劳务提供不能或者提供之劳务不符合雇主要求以及违反劳动纪律等违法或者违约行为。从雇主一方来看,包括:经济性的理由引起的解雇(裁员),以及法院通过判例对劳动规章记载的解雇理由所作之解释。法院裁判对解雇事由的合理性与正当性一般采取严格解释之立场。[1]

★ 社会理念正当性的要求

雇主解雇劳动者之理由应当不违背社会一般理念和善良风俗。雇主以过于严苛的劳动纪律为由解雇劳动者是一种具有封建性的权力滥用行为。[2]这些劳动纪律漠视人际交往的情感交流、瑕疵容忍等“人之常情”因素,将劳动者“工具化”,因此,不能为劳动法所接受。劳动法要求雇主应将劳动者当作“社会人”去对待,合理

---

〔1〕 参见[日]荒木尚志:《劳动法》,有斐阁2009年版,第255~256页。

〔2〕 同上注,第256页。

容忍其瑕疵,并在长期合作中不断矫正其行为,以达到劳资信赖之安定秩序。因此,以社会一般通行理念作为解雇事由合理性判断之标准是防止雇主滥用解雇权的必要保障。

4.1.5 解雇禁止

为了维护劳资关系之诚信,使雇主善尽雇佣责任,不乘人之危,滥用解雇权,《劳动合同法》第42条规定了雇主不得解雇劳动者的情形。

法律与规范链接

▲ **必读法条**

《劳动合同法》第36~50条,第87~91条

《劳动合同法实施条例》第21~26条

延伸阅读

1. [德]雷蒙德·瓦特尔曼:《德国劳动法》,沈建峰译,法律出版社2014年版,第一编。
2. 黄越钦:《劳动法新论》,台北,翰芦图书出版有限公司2015年第5版,第一部。
3. 史尚宽:《劳动法原论》,台北,正大印书馆1978年重刊。
4. [德]沃尔夫冈·多伊普勒:《德国劳动法》,王倩译,上海人民出版社2016年版,第十四章。

4.2 惩罚性解雇规制

知识要点

4.2.1 惩罚性解雇之意义

由于劳动者违反法律或者劳动规章而招致雇主对其惩戒而引发的解雇,被称为惩罚性解雇,其情形一般包括:恶劣的工作态度(无故缺勤、迟到以及其他违背劳动合同义务的不当行为),无正当理由拒绝执行业务命令,履历欺诈,企业外不当行为(犯罪、有违伦理的行为等),泄露企业秘密等行为。该等行为对雇佣秩序、企业

经营利益以及企业声誉等均有严重危害，已经构成合理而客观的解雇理由。[1]

4.2.2　我国惩罚性解雇之事由与程序

我国《劳动合同法》第 39 条详细规定了惩罚性解雇的诸种事由。

4.2.3　惩罚性解雇之后果

惩罚性解雇一般是由劳动者严重违反忠诚、服从或者勤勉义务，而严重威胁或者损害雇佣秩序，无法继续劳资之间信赖关系而造成的解雇，因此，雇主并无过错，不必履行预告义务，亦不必负担支付经济补偿金或者赔偿金的责任。

《劳动合同法》第 50 条第 2 款、第 89 条以及《劳动合同法实施条例》第 24 条规定了惩罚性解雇的附随义务以及不履行附随义务的法律责任。

法律与规范链接

▲ 必读法条

《劳动合同法》第 39 条、第 43 条、第 47 条、第 48 条、第 90 条、第 91 条

△ 延伸法条

《劳动合同法实施条例》第 19 条、第 20 条

延伸阅读

1. [德]雷蒙德・瓦特尔曼：《德国劳动法》，沈建峰译，法律出版社 2014 年版，第一编。
2. 黄越钦：《劳动法新论》，台北，翰芦图书出版有限公司 2015 年第 5 版，第一部。
3. 史尚宽：《劳动法原论》，台北，正大印书馆 1978 年重刊。
4. [德]沃尔夫冈・多伊普勒：《德国劳动法》，王倩译，上海人民出版社 2016 年版，第十四章。

---

〔1〕　参见[日]西谷敏：《劳动法》，日本评论社 2013 年第 2 版，第 412 页。

4.3　一般解雇规制

知识要点

4.3.1　一般解雇之事由

一般解雇是指**劳动者无主观上的过错**,但因其**不能履行劳务给付义务**或者其**履行义务之品质不符合雇主的要求**,继续雇用将有损于雇主之重大经营利益而发生的解雇。

《劳动合同法》第40条明确规定了一般解雇的事由。

4.3.2　一般解雇之程序

一般解雇,雇主应当提前30日以书面形式通知劳动者本人,或者额外支付给劳动者一个月的工资,才能解雇劳动者(第40条第1款),额外支付的一个月工资的数额应按照劳动者上一个月的工资标准确定。

4.3.3　一般解雇之法律后果

(1)支付经济补偿金:参见《劳动合同法》第46条第3项,《劳动合同法实施条例》第27条的规定。

(2)附随义务:《劳动合同法》第17条和第89条规定了一般解雇的附随义务。

法律与规范链接

▲ **必读法条**

《劳动合同法》第40条,第46~48条

《劳动合同法实施条例》第20条、第24条、第25条、第27条

典型案例

★ 一般解雇权滥用之判例分析

陈某诉上海麦德龙公司劳动争议案

1997年2月7日，陈某进入麦德龙公司从事秘书工作，后担任培训学院行政经理一职。2008年1月1日，陈某与麦德龙公司签订了期限自同日起的无固定期限劳动合同，合同约定陈某每月税前工资为人民币（以下币种均为人民币）11 868元。2008年12月，麦德龙公司客户部经理与陈某商谈，拟将陈某调至客户部工作，但陈某于同月22日通过电子邮件致函客户部经理Harmelen称："关于转职客户部的机会，我与我的家人进行了沟通并且认真考虑了这次机会，最后，我觉得对我来说，留在培训学院比转至客户部更为合适。"2009年3月17日，麦德龙公司向陈某出具任命信，载明"陈某：Van Harmelen先生和Patti Lo女士最近分别与你进行了谈话，他们向你充分地解释了公司关于将你目前的职位从培训学院的组织架构中撤销的决定，也与你探讨了你将来在公司中担任其他职位的各种可能。考虑到你的工作经验及技能，我们将向你提供……你的上司将进一步向你解释新工作的角色及责任。你目前的薪资已很大程度上超过了类似职位的工资水平，但是你的工资将保持不变。相应地，你将不会因变更工作地点而享有额外的福利。你与公司于2008年1月1日签署的劳动合同中的其他条款将保持不变。"同年3月20日，陈某收悉上述任命信后明确表示"我不同意以上安排，希望可以有其他职位的选择"。同年4月10日，麦德龙公司再次向陈某出具任命信，向陈某提供了另外一个工作的机会，即担任麦德龙公司人力资源部的人事专员一职，工作地点在上海，每月工资为7000元。对该份任命信，陈某同样表示不同意。2009年4月22日，麦德龙公司向陈某出具单方解除合同书，以陈某、麦德龙公司双方劳动合同订立时所依据的客观情况发生重大变化，致使劳动合同无法履行，经公司与雇员协商，未能就变更劳动合同内容达成协议为由，解除了与陈某之间的劳动关系。同年4月24日，麦德龙公司向陈某开具了上海市单位退工证明。

裁判理据

本案主要争议焦点：麦德龙公司解除与陈某劳动关系的行为是否符合法律规定。

法院认为，公民、法人的合法权益受法律保护。本案中，麦德龙公司主张，该公司因受全球金融危机影响,决定精简公司架构,故撤销了公司下属培训学院中原单设的行政经理一职,而由培训学院院长、项目经理及区域培训经理各自兼任行政管理工作。因此,双方劳动合同订立时所依据的客观情况发生了重大变化,原劳动合同已无法继续履行,公司提供了决定及培训学院改组前后的组织架构图为证。经质证,陈某虽从未看过上述麦德龙公司的决定及组织架构图,但根据麦德龙公司出具的任命信及陈某的庭审陈述来看,麦德龙公司确实已对其组织架构进行了精简并撤销了陈某所任的培训学院行政经理一职,故双方所订立的劳动合同实际已无法再继续履行。为此,麦德龙公司已通过口头或书面形式多次与陈某协商变更合同内容,但由于陈某对麦德龙公司所提变更方案均不同意,双方无法达成一致意见,故现麦德龙公司解除与陈某之间的劳动关系,依法有据,予以准许。陈某诉请要求麦德龙公司支付违法解除劳动关系的经济赔偿金,缺乏事实及法律依据,不予支持。对陈某关于麦德龙公司撤销培训学院行政经理一职是为了恶意解除与陈某之间劳动关系的诉称,并无证据证明,故不予采信。对其另称,陈某原工作岗位的撤销,是麦德龙公司主观意愿,既然双方劳动合同签订了,麦德龙公司就不应当随意使岗位消失,原审法院认为,用工单位在经营过程中拥有一定的经营自主权,其为防范金融风险、维持公司的正常运作,当然有权决定采取各种有效措施,包括重组公司、精简公司组织架构、实行经济性裁员等,其并不违反法律规定,故对陈某上述所称,法院亦难以采纳。

案例评析

该判例中,法官认为麦德龙公司撤销陈某的职位是出于经营需要的客观情况发生重大变化,从而援引"情势变更"规则判令麦德龙公司解雇有效,是对解雇限制规则的误读。

公司作为用人单位享有对劳动者的管理命令权,该权力包括对职务、职位的配置权和撤销权,但是,基于解雇权不得滥用之法理,雇主以撤销职位为由解雇劳动者不具备客观合理之理由。因为劳动合同双方当事人都负有全面履行合同,尽力维持劳动关系稳定的义务,当且仅当雇主没有其他可以继续雇用劳动者之可能时,解雇才可能是客观而合理的。本案中,公司撤销陈某之职位,并不足以证明其没有任何其他职位可供陈某工作,亦无证据证明陈某有任何非行足以判定继续雇佣会造成雇主的重大经营困难,以撤销职位为由解雇劳动者违反了解雇权滥用法理中的最后手段原则,不构成客观合理之理由,因此,公司解雇是非法的,应当承当相应的法律责任,本案判决有违解雇权滥用的一般法理。

延伸阅读

1. [德]雷蒙德·瓦特尔曼:《德国劳动法》,沈建峰译,法律出版社 2014 年版,第一编。
2. 黄越钦:《劳动法新论》,台北,翰芦图书出版有限公司 2015 年第 5 版,第一部。
3. 史尚宽:《劳动法原论》,台北,正大印书馆 1978 年重刊。
4. [德]沃尔夫冈·多伊普勒:《德国劳动法》,王倩译,人民出版社 2016 年版,第十四章。

4.4　经济性裁员规制

知识要点

4.4.1　经济性裁员的意义

经济性裁员并非由劳动者过错所致,一般是由雇主经营出现困难,需要大规模解雇劳动者所致。劳动契约上的诚信原则使雇主负有的雇佣维持义务是劳动法规制经济性裁员的理论基础。

4.4.2　经济性裁员的有效性要件

★ 人员裁减的必要性

立法与判例一般都要求企业裁员需要客观正当的理由,然而,判例在把握合理性判断标准时,一般会充分考虑企业经营的实际需要。换言之,司法上一般均尊重企业自身的经营判断,不愿过度涉入,以免有违市场经济中的自主决定原则。因此,除了倒闭、经营不善而不得不裁员之客观情形外,诸如情势变更等抽象原则会成为裁员之权衡事由。[1]

★ 解雇回避努力义务

与其他解雇一样,企业在裁员时也应当受到禁止解雇权滥用规制。即使裁员之时,雇主面临经营困境,但是,其仍然有义务尽力避免裁员,应当尽一切可能减少裁员规模。

★ 合理选择被裁减人员之义务

裁员人选之选定也应具备客观合理之理由,为避免雇主滥用权力,借裁减人员

---

〔1〕 参见[日]荒木尚志:《劳动法》,有斐阁 2009 年版,第 260 页。

之机，对那些平素劳动业绩不佳者进行解雇，或者实施具有性别歧视、年龄歧视的解雇，因此，裁减人员范围选定一般会将某类人员作为优先留用人员，最大限度地减低裁员对劳动者生活以及对劳动关系安定之不利影响。

★ 解雇手续之妥当性

立法与判例一般要求雇主裁员之时，应当履行向劳动者或者工会说明相关情况、咨询意见等说明义务，一般亦有向有关劳动行政部门报备，从而最大限度地维护裁员方案之妥当性，减少裁员对经济社会可能带来的不利影响。

4.4.3 经济性裁员的事由与程序

★ 经济性裁员的必要性事由

《劳动合同法》第 41 条第 1 款明确规定用人单位只有在必要的情形下才能进行经济性裁员。

★ 裁减人员之范围

《劳动合同法》并未明确规定裁员范围，但规定了优先留用之人员范围（第 41 条第 2 款）。

★ 裁员规模

《劳动合同法》将裁员的范围明定为裁员 20 人以上，或者裁员不足 20 人但占企业职工总数的 10% 以上（第 41 条第 1 款）。

★ 裁员的程序

用人单位裁员应当提前 30 日向工会或者全体职工说明情况，并听取工会或者职工的意见后，裁员方案经向劳动行政部门报告，可以裁减人员（第 41 条第 1 款）。

4.4.4 经济性裁员的法律后果

《劳动合同法》规定：支付经济补偿金（第 46 条第 4 项）、附随义务（第 50 条第 1 款、第 2 款）、违法裁员的法律责任（第 87 条）以及违反附随义务的法律责任（第 89 条）。

法律与规范链接

▲ 必读法条

《劳动合同法》第 41 条

延伸阅读

1. [德]雷蒙德·瓦特尔曼:《德国劳动法》,沈建峰译,法律出版社 2014 年版,第一编。
2. 黄越钦:《劳动法新论》,台北,翰芦图书出版有限公司 2015 年第 5 版,第一部。
3. 史尚宽:《劳动法原论》,台北,正大印书馆 1978 年重刊。
4. [德]沃尔夫冈·多伊普勒:《德国劳动法》,王倩译,人民出版社 2016 年版,第十四章。

第 5 章　非典型劳动关系的法律规制

教学目标

了解和识记劳务派遣和非全日制劳动关系的基本概念；
识记和理解劳务派遣和非全日制劳动关系的理念和特质；
了解和识记劳务派遣和非全日制劳动关系的基本架构。

推荐参考资料

1. 石美遐：《非正规就业劳动关系研究——从国际视野探讨中国模式和政策选择》，中国劳动社会保障出版社 2007 年版。
2. 董保华：《劳动力派遣》，中国劳动社会保障出版社 2007 年版。
3. 田野：《非典型劳动关系的法律规制研究》，中国政法大学出版社 2014 年版。
4. 孙冰心：《劳务派遣法律规制研究》，吉林人民出版社 2012 年版。
5. 王丹丹：《日本非全日制用工法律规制研究》，吉林大学 2011 年博士学位论文。

5.1　概　　述

知识要点

5.1.1　非典型劳动关系的界定

非典型劳动关系是相对于传统劳动法所构建的典型劳动关系而提出的，是随着社会经济的发展和社会转型的不断推进而产生的一种新型劳动关系，有别于典型劳动关系的标准的人格从属性和财产从属性，表现为更加灵活和多样。对非典型劳动关系的定义，学界没有一致的意见。

5.1.2　非典型劳动关系的形成

在大机器化生产开始的早期，典型劳动关系是建立在集团化、标准化、流水线、统一规格的大批量生产的前提下，基于当时的社会背景，劳动关系基本存在于企业内部的劳动者与雇主之间，劳动者提供劳动力、从属于雇主，而雇主对劳动者进行管理和使用。双方在建立劳动关系的同时也建立了使用从属关系。这种典型的、古典的、封闭的劳动关系形态对劳动关系的调整起到至关重要的作用，也是各国劳动关系的主流。但是，随着社会经济的飞速发展，典型劳动关系渐渐暴露出其封闭性、僵化性和无法充分应对市场需求的弊端。[1] 为了在市场竞争中提升自己的竞争优势、降低企业经营管理成本、扩大自身的利益空间，同时也为了减少企业的人力库存，实现实时劳动，企业迫切需要更快捷、更具弹性且低成本的劳动力资源，传统的、典型的、僵化的劳动关系不再能完全满足市场的需求，有求就有供，以劳务派遣和非全日制为代表的非典型劳动关系由此应运而生。另外，除了劳动力市场的弹性化，劳动关系非典型化还取决于以传统制造业为基础的就业类型和结构的变化，以及零售业和服务业的快速发展促使非典型劳动关系迅速增长，此外，中小企业的飞速发展也需要更多的随叫随到的工人，这都是自由市场调节创新的结果。

5.1.3　非典型劳动关系的特征

通过了解非典型劳动关系和典型劳动关系的区别，可以更好地掌握何为非典型劳动关系，也更好地理解非典型劳动关系存在的意义及法律规制的方向。

（1）**在劳动关系稳定性方面，非典型劳动关系中的劳动行为更缺少长期性、稳定性、职业性。**非典型劳动关系中的劳动者所从事的工作相对比较简单，不涉及用人单位的核心，更具替代性、分散性，如短期工作、季节性工作、分享工作等。而且在这些工作中，劳动者更具有选择的灵活性，大多可以自主决定工作地点和时间。

（2）**在劳动关系主体方面，非典型劳动关系中的劳动者不再同典型劳动关系中的劳动者那般只能与一个用人单位建立劳动关系，其更具多元性。**例如，在非全日制用工中，劳动者可以和一个以上的用人单位建立相应的劳务关系，这就在最大程度上实现了劳动力资源的价值和合理流动。再如，在劳务派遣关系中，由于“用人的不管人，管人的不用人”这种特殊的三方性导致劳务派遣的法律规制将不同于传

---

〔1〕 参见田思路：《劳动关系非典型化的演变及法律回应》，载《法学》2017 年第 6 期。

统的劳动关系。这些都反映出在目前市场经济劳动关系构建中有非典型化的需求和趋势。随着我国经济持续快速地发展,我国的第三产业势必在市场经济中显现越来越突出的地位,从而带动市场的繁荣,随之势必会涌现出越来越多的满足灵活用工需求的非典型劳动形式。

(3)**在劳动者权益保障方面,非典型劳动关系的产生就是为了迎合用工单位灵活用工的需求**,且很多用工单位之所以选择使用非典型劳动关系的劳动者,在很大程度上是考虑降低人力成本,甚至有个别用工单位想通过使用非典型劳动者达到逃避雇主责任的目的。这就使非典型劳动关系中的劳动者的劳动权利相比典型劳动关系的劳动者来说更容易缺失。

典型案例

某房地产公司将其房屋建造项目中的土地整治项目承包给第三人张某,并且签订了合同。2015 年 3 月陈某到张某的工地干活,由张某安排人员考勤,对陈某的劳动结果负责监督和考核,每日给陈某劳务费 200 元。2015 年 9 月,陈某骑车去工地的途中发生交通事故,经抢救无效死亡。陈某的弟弟向法院起诉,要求承认陈某与房地产公司之间存在劳动关系。

法院审理后认为,陈某接受张某的监督和管理,向张某进行考勤登记,且工资是由张某支付的,而陈某提供劳务的工地是由张某承包的,因此判决陈某与房地产公司之间不存在劳动关系。

当前典型和非典型劳动关系判断的标准主要综合考虑以下几方面的因素:劳动者是否接受用人单位的监督、管理、指挥;用人单位是否直接向劳动者支付工资报酬;劳动者是纳入用人单位的组织体系,还是从事独立的劳动作业;劳动者是否有权将其负责的工作分包给他人;劳动者的生产资料即劳动工具是否由用人单位提供;劳动者的劳动时间和劳动地点是否受用人单位控制;劳动者是否仅仅为这一个用人单位工作;劳动者提供的劳务是持续长期的还是一次性的。

5.2　劳务派遣法律制度

知识要点

5.2.1　劳务派遣的基本含义

劳务派遣，就是派遣单位作为雇主与被派遣劳动者订立劳动合同，在征得劳动者同意、维持劳动关系的前提下，使被派遣劳动者在用工单位指挥监督下提供劳务，被派遣劳动者与用工单位之间不存在劳动合同关系。[1]

5.2.2　劳务派遣的特征[2]

派遣单位以从事经营派遣事业为经营范围，针对用工单位灵活用工的需要，向其提供被派遣劳动者供其使用。

派遣单位与被派遣劳动者之间具有劳动关系，双方之间订立劳动合同，从而使被派遣劳动者在其指挥下前往用工单位提供劳务。派遣单位是被派遣劳动者在法律意义上的"雇主"。被派遣劳动者的工资与其他福利由派遣单位支付，被派遣劳动者的社会保险也由派遣单位交纳。同时，被派遣劳动者虽然在用工单位提供劳务，并接受用工单位的监督、管理、指挥，但两者之间却不存在任何合同关系。

派遣单位与用工单位订立派遣协议。这个派遣协议的性质是民事合同，受《合同法》调整。但是因为派遣协议中所涉及的派遣对象是被派遣劳动者，所以《劳动合同法》强制规定了派遣协议的一些法定内容，劳务派遣协议应当约定派遣岗位与人员数量、派遣期限、劳动报酬和社会保险费的数额与支付方式以及违反协议的责任。

虽然被派遣劳动者的工作地点在用工单位且接受用工单位的指挥、监督，但被派遣劳动者法律上的雇主还是派遣单位，换句话说，派遣单位须对被派遣劳动者负法律上的雇主责任。

5.2.3　劳务派遣的起源

自 20 世纪 70 年代起，为适应全球经济结构性改变，欧美各国的传统雇佣关系

---

〔1〕　参见邱俊彦：《劳动派遣之法律关系探讨》，载《万国法律》2004 年 12 月号，总第 138 期。

〔2〕　参见孙冰心：《劳务派遣法律规制研究》，吉林人民出版社 2012 年版，第 10 页。

发生了相当程度的转型。由雇员为单一雇主提供有偿劳动，在雇主指定的场所从事全日制工作并维持不定期的就业期限为特征的工作形态，已不能满足人力资源弹性化的需求，雇主开始运用所谓“暂时劳工”来应对市场的结构性和循环性变化。[1]

我国的劳务派遣始于20世纪70年代末，当时主要是政府机构出于国家安全考虑而向外国驻华机构派遣相关的服务人员。[2] 到了20世纪90年代，在我国国有企业劳动制度改革中，出现了为安置下岗职工而产生的劳务派遣，可跨地区、跨行业进行。被派遣劳动者一般从事的多为低技术含量工作，如保洁员、保安员、营业员等工作。到了21世纪初期，劳务派遣在我国发展迅速，其原因在于一些事业单位受人员编制限制导致直接雇佣存在障碍，另外一些工作岗位，诸如保洁等，如果采用全日制劳动者又会造成不必要的人力浪费。劳务派遣极大地满足了派遣单位、用工单位和劳动者各方的利益。

5.2.4　劳务派遣的主体

与典型劳动关系相比，**劳务派遣的突出特点就在于主体的三方性：劳务派遣单位、用工单位和被派遣劳动者。**

★ 劳务派遣单位

劳务派遣单位的法律地位是随着劳务派遣日趋发展才逐步明确下来的。应该说，劳务派遣的样态和性质决定了派遣单位的性质。[3] 劳务派遣的出现，改变了原有的典型劳动关系的二元结构，劳务派遣单位以劳动力的经营者和管理者的身份参与到劳务交易当中。这使劳务派遣法律关系与典型的劳动合同关系相比更为复杂，这种复杂性表现为两个方面：第一，典型劳动关系中的用人单位因为是雇用与使用统一，所以要承担法律上的法定义务。而派遣单位虽然是法律上的雇主，本应承担劳动法上的雇主法定义务，但因为在劳务派遣关系中，雇用与使用是分离的，而劳动法律制度主要关注的仍旧是单一的劳动过程，因此，如果由派遣单位完全履行雇主的法定义务，既有失公平又很难实现。第二，由于在劳务派遣过程中，被派遣劳动者并不在派遣单位工作，派遣单位对被派遣劳动者的管理只能停留在概念上，对被派遣劳动者的考核更多的来自

---

〔1〕 参见焦兴铠：《论劳动派遣之国际劳动基准》，载《辅仁法学》2002年第19期。

〔2〕 参见李雄、刘山川：《劳动用工制度改革视野下劳动合同制度的贡献与不足》，载《西北工业大学学报》（社会科学版）2012年第3期。

〔3〕 参见谢德成：《劳务派遣单位与用人单位之比较》，载周长征主编：《劳务派遣的发展与法律规制》，中国劳动社会保障出版社2007年版，第217页。

用工单位的反馈,这就导致派遣单位无法像典型劳动关系中的用人单位那样更高效地对劳动者进行管理并快速作出反应。

★ 用工单位

就真正使用劳动力的用工单位而言,劳务派遣无疑是一个节省人力成本、增加雇用弹性与提高产品竞争力的好办法。借由劳务派遣,用工单位可以将其雇用员工控制到最小规模,而无须因经济变化或淡旺季而调整劳动力。实践中,一些用工单位不需要以长期方式雇用夜间保安或清洁工人等劳动者,可以通过派遣单位派遣此类劳动者到用工单位提供劳务,这样既可以满足用工单位的实际需要,又无须负担劳动法赋予雇主的各项责任;对于只有在旺季时才需要劳动者的用工单位,可以在其生产旺季期间,通过派遣单位获取其所需要的劳动力,而不再有淡季期间劳动力过剩的问题。无论是上述哪种情形,用工单位都可以借由劳务派遣的方式减少人力成本,相比用工单位的自身治理,劳务派遣单位能够通过专业化、规模化治理而降低治理的成本,进而达到提高产品竞争力的目的。在当前企业面临国内外市场竞争压力日增的情形下,劳务派遣带来的成本优势是用工单位作此选择的主要的原因。但是,由于派遣工作的不稳定性以及缺乏连续性,导致被派遣劳动者对用工单位大多缺少认同感和忠诚感,工作表现往往不如正职岗位的劳动者。对用工单位来说,劳务派遣在节省了人力成本的同时,也可能会降低生产品质。[1]

★ 被派遣劳动者

劳动者选择劳务派遣的原因是多样的。现今社会生产力不断提高,科技的飞速发展必然会使产业对于人的依赖越来越小,从而导致低就业率成为一种社会的常态。为了适应这种就业压力,许多劳动者只能选择暂时从事劳务派遣工作。同时,由于时代的变迁,现代劳动者的工作价值观与生涯规划已逐渐突破传统工作价值观的束缚,越来越多新一代的劳动者不愿意选择约束较多的“典型劳动模式”,劳务派遣所提供的多样化工作与弹性时间模式正符合其需求;此外,对一些须兼顾家庭与工作的女性劳动者而言,劳务派遣可使其在照顾家庭之余,得以在其时间允许范围内从事工作。[2] 总之,对被派遣劳动者而言,劳务派遣可以提供其一个较具弹性或过渡性的工作机会。但被派遣劳动者由于劳务派遣的特殊性,与用工单位的正职员工是有区别的,其劳动待遇通常要低于正职员工,这就势必导致劳动歧视问

---

〔1〕 参见成之约:《浅论派遣劳动及其对劳资关系的影响》,载《就业与训练》第 16 卷第 6 期(1998 年)。

〔2〕 同上注。

题。同时,当劳动者长期从事劳务派遣,并且劳务派遣成为劳动者唯一的工作形态选择时,将会危及劳动者的经济安全。

5.2.5　劳务派遣的法律规制

★ 主体准入规则

为了在主体资格上遏制劳务派遣畸型发展的可能性,《劳动合同法》第 57 条规定了劳务派遣公司准入资格,即注册资金不得少于人民币 200 万元,同时规定经营劳务派遣业务必须要有与开展业务相适应的固定的经营场所和设施,还要向劳动行政部门依法申请行政许可,经许可且依法办理相应的公司登记才能开展劳务派遣业务。此条规定是考虑到派遣单位的经营实力直接决定其能否履行对被派遣劳动者的雇主责任。对劳务派遣单位采用许可制,规定其注册资本不得少于 200 万元,虽然较一般的有限责任公司提高设立门槛,但是现实生活中,由于很多派遣单位雇用大量的劳动者进行派遣,一旦发生群体性的劳动者权益受损事件,派遣单位在履行赔偿责任时常会捉襟见肘,甚至有些派遣单位为了逃避法律责任干脆申请破产,导致被派遣劳动者维权求偿无门。

★ 协议内容规则

由于劳务派遣事涉三方主体,为了更好地规范三方之间的权利义务,《劳动合同法》对三方协议进行了详细的规定。要求派遣单位作为用人单位应当履行用人单位对劳动者的义务,即派遣单位必须履行《劳动法》和《劳动合同法》中规定的用人单位的义务,如依法签订劳动合同义务、依法依合同为劳动者提供劳动条件的义务、企业规章制度内容和程序合理合法的义务、解除和终止劳动合同时的经济补偿义务、依法延续劳动合同的义务、后合同的义务。除此之外,劳务派遣单位和用工单位的民事合同即派遣协议由于劳务派遣的特殊性,不能完全采用民法的意思自治原则,必须要有法定的协议内容存在,应包括下列各项:派遣单位名称许可证号码、用工单位机构名称、派遣期间、工作地点、工作内容、工作开始及终止时间、休息时间、延长工时、休假、例假、请假、轮班制之换班相关事项、安全卫生相关事项、用工单位对派遣劳动者的指挥监督事项、福利事项。且这些内容派遣单位在和被派遣劳动者签订合同之前就必须告知被派遣劳动者。

★ 派遣范围规则

针对劳务派遣的派遣范围,《劳动合同法》第 66 条规定劳务派遣只能是企业用工的补充形式,即只能在临时性、辅助性或者替代性的工作岗位上实施。参照国际惯例,“临时性”“辅助性”和“替代性”工作岗位,一般指替代缺勤的和劳动合同中止的劳动者(如享受各种休假的劳动者)的工作、企业经营活动临时增加的工作、季节性工作。换句话说,根据《劳动合同法》的立法宗旨,劳务派遣不得发生在用工单位正常的、持续性的劳动岗位上。如此规定除了维护我国劳动用工的稳定性、倡导劳动合同用工形式外,也在另外一个层面保障了典型劳动关系劳动者和被派遣劳动者的合法权益。

★ 同工同酬规则

《劳动合同法》规定了**派遣劳动者与用工单位的正职劳动者享有同工同酬的权利,同时用工单位需要提供相应的劳动条件和劳动保护,且对被派遣劳动者与本单位同类岗位的劳动者实行相同的劳动报酬分配办法,**即薪金的涨幅也要相同。这些都只是对派遣劳动者报酬权的基本保护。

实践中,用工单位对于被派遣劳动者经常会挑挑拣拣,有的时候甚至是“鸡蛋里挑骨头”,而由于被派遣劳动者与用工单位之间不是传统意义的劳动合同关系,因此不受平等就业的相关法律法规的限制;而劳务派遣公司为了自身的经济利益,为了能够顺利地将劳动者都派遣出去,必会对与其签订劳动合同的劳动者进行第一轮的歧视性“筛选”,这就导致被派遣劳动者有可能被歧视两次,极大地损害被派遣劳动者的利益,且容易带来劳动力市场的连锁反应,视这种歧视为自主用工的表现,使被派遣劳动者的处境更为艰难。

即使进入劳务派遣领域,歧视也比比皆是。被派遣劳动者和用工单位的正职员工之间常常存在不平等待遇,这种不平等待遇问题首先就与工资有关,尽管根据《劳动合同法》的规定,被派遣劳动者有权享有与用工单位正职劳动者同等的工资待遇,但就具体个案如年终奖金、分红等的享有就很有争议,毕竟被派遣劳动者只是向用工单位提供“临时性”“辅助性”“替代性”的工作,是否可以享有用工单位提供给固定劳动合同关系劳动者的薪金待遇成为一个难题。其次,对于用工单位的福利性设施如员工餐厅、托儿所、幼儿园、停车位、运输工具等的使用,被派遣劳动者往往难以与正职劳动者平等享有。最后,作为派遣劳动者往往要在不同的用工单位工作,尽管用工单位会在派遣协议中对派遣劳动者所从事工作的性质和内容都有所交代,但对于工作环境的熟悉程度和适应程度都不如用工单位的正职员工,而他们恰恰又大多从事的正是正职员工不愿意从事的工作,因此,派遣劳动者发生职业伤害的概率和严重程度都比用工单位的正职员工要高。[1]

★ 团体协商规则

《劳动合同法》赋予了被派遣劳动者的**集体结社权和协商权**，规定**被派遣劳动者有权在劳务派遣单位或者用工单位依法参加或者组织工会**、维护自身的合法权益。但是，这只是规定了权利的存在，并没有规定义务主体的责任。在典型劳动关系中，依据宪法和法律所赋予的结社权，劳动者在用人单位内很自然地形成团队。但在劳务派遣中，尽管劳务派遣单位或用工单位并不会反对被派遣劳动者加入其工会，行使结社权和集体谈判权，但是在实践中，被派遣劳动者本身行使这项权利的积极性并不高，导致其不会在派遣单位组织工会或在用工单位加入工会。另外，用工单位工会成员由于这种身份的差异，出于自身权利维护的考量也不会主动抛出橄榄枝"邀请"被派遣劳动者加入已成立的工会。这都为被派遣劳动者的集体结社权和协商权的行使设置了障碍。

同时，法律赋予被派遣劳动者加入工会的权利是希望借此提高其团体协商的能力，从而更好地维护自身权利，但实践中，工会对于劳动关系的非典型化的转变确实存在无力感，也似乎缺乏信心和能力去因应劳务派遣发展的需要，从而提高自己吸纳被派遣劳动者的主观能动性。如想将被派遣劳动者的结社权和集体谈判权、协商权落到实处，必须提高被派遣劳动者组织和加入工会的积极性，明晰义务主体。

★ 连带责任规则

因为**劳务派遣事涉三方主体**，其中有两个单位都与被派遣劳动者有着千丝万缕的联系。为维护被派遣劳动者的合法权益，**《劳动合同法》在第七章"法律责任"中规定，劳务派遣单位如果违反法律规定，给被派遣劳动者造成损失的，劳务派遣单位与用工单位承担连带赔偿责任**。在被派遣劳动者的劳动权益受到侵害时，派遣单位和用工单位要对被派遣劳动者共同承担连带雇主责任。也就是说，被派遣劳动者在寻求司法救济时，可以将派遣单位和用工单位作为共同被告或者选择其中之一作为被告。这样做不仅可以最大限度地保障被派遣劳动者的合法权益，使其不至于沦为派遣单位和用工单位互相推诿责任的牺牲品，而且可以有效地抑制用工单位为逃避雇主责任和用工风险选择劳务派遣的现象。同时，这种连带责任的规定可以迫使派遣单位和用工单位在选择合作对象时慎之又慎，更好地维护劳

[1] 参见孙冰心：《劳务派遣法律规制研究》，吉林人民出版社 2012 年版。

务派遣市场合法有序的经营氛围。

法律与规范链接

▲ **必读法条**

《劳动合同法》第 57 ~ 67 条

《劳动合同法实施条例》第 28 ~ 32 条

△ **延伸法条**

《民法通则》第 43 条

《最高人民法院关于适用〈中华人民共和国民事诉讼法〉若干问题的意见》(1992 年)第 45 条

《最高人民法院关于审理人身损害赔偿案件适用法律若干问题的解释》(2003 年)第 9 条第 1 款

5.3 非全日制劳动关系法律制度

知识要点

非全日制劳动关系是因应市场经济的就业形势多样化而发展起来的用工形式。相比典型劳动关系,非全日制劳动关系用工更加便捷、灵活,这种灵活不仅体现在用人单位可以根据自身的临时需求选择劳动者,也体现在劳动者可以根据自身的实际劳动时间、地点等情形选择用人单位。

5.3.1 非全日制劳动关系的基本含义

根据《劳动合同法》第 68 条的规定,**非全职劳动是指劳动者在同一个用人单位工作,以小时计算薪酬作为主要方式,平均每日工作的时间不得超过 4 个小时,每周工作时间累积不超过 24 个小时的用工形式。**

5.3.2 非全日制劳动的基本问题

根据《劳动合同法》的规定,由于在我国非全日制劳动用工期限比较短,且一般采用即时结清工资的方式,双方的权利义务比较清晰简单,用人单位和劳动者之间可以订立书面合同，也可以订立口头合同来确定各自的权利义务。

采用非全日制用工方式，工资的结算方式是按照小时计算的。用人单位和劳动者双方可以约定按日、按周、按月或者按完成一定工作量的方式结算工资，但是结算支付周期最长不得超过15日。《劳动合同法》规定，非全日制用工以小时计酬标准不得低于用人单位所在地人民政府规定的最低小时工资标准的，这是为了保障劳动者的报酬权。

根据非全日制劳动的灵活用工的特点，《劳动合同法》规定，非全日制用工不得与劳动者约定试用期，且劳动关系双方当事人的任何一方都可以随时终止劳动用工，且用人单位如单方终止无须支付经济补偿金。

用人单位应当按照国际有关规定为建立劳动关系的非全日制劳动者缴纳工伤保险费。从事非全日制工作的劳动者发生工伤，依法享受工伤保险待遇。

法律与规范链接

▲ 必读法条

《劳动合同法》第68～72条

第6章　工资法律制度

教学目标

掌握工资法律制度；

识记和掌握工资、最低工资的法律概念；

掌握工资的概念和类型；

理解工资支付原则；

了解工资的国际法律规则模式。

推荐参考资料

1. 林嘉主编:《劳动法》,法律出版社2016年版,第六章。
2. 郭捷主编:《劳动法和社会保障法》,法律出版社2016年版,第九章。
3. 黎剑飞:《劳动法与社会保障法》,北京大学出版社2015年版,第六章。
4. 常凯:《劳动法》,高等教育出版社2011年版,第十一章。

6.1　概　　述

知识要点

工资制度是劳动法上的重要制度,也是重要的劳动基准制度之一。作为劳动者一方的合同对价,工资由劳动合同约定;同时,工资作为劳动者生活收入的主要来源,是集体协商的重要事项;最后,工资定价高低影响国民经济发展,关系到民生保障与社会安定,故而往往会受到国家法律和政策的直接干预。以上三个维度下,工资分别可以从劳动合同法、集体劳动合同法、劳动基准法的角度分别阐释和规制,显示出工资制度的复杂性。

6.1.1　工资的概念界定

工资在实际生活中有不同的名称,如“薪水”“报酬”等。[1] 工资,是以劳动法律关系为基础的劳动对价给付,以民法规制的各类劳务关系下所给劳务报酬不是劳动法上的工资。我国劳动法没有对工资的概念作明确界定。但1994年劳动部颁布的《工资支付暂行规定》第3条规定,**“本规定所称工资是指用人单位依据劳动合同的规定,以各种形式支付给劳动者的工资报酬”**。根据《工资支付暂行规定》第5条的规定,我国劳动法上的工资,**只能以法定货币即人民币支付,而不包括实物或者有价证券**。例如,员工持有的用人单位股份或债券,不属于工资的范畴。我国的法定货币为人民币,因此在我国(除香港和澳门特别行政区、台湾地区外)工资必须以人民币支付。需要注意的是,法定货币支付,并不限制货币形式。实践中,工资支付既可以是现金支付,也可由用人单位通过银行转账的方式支付。[2] 支付行为容易取证。因此,在一些容易出现工资支付纠纷的行业,如建筑业,银行转账支付也被鼓励作为工资支付的形式。

延伸阅读

在我国,员工持股计划往往被高新技术类企业所采用,以调动劳动者的工作积极性和忠诚性。现实中有些用人单位会与劳动者约定,将劳动者所持的本企业或其他企业股票期权作为薪酬(奖金)的一部分,并对劳动者离职时的股票行权作出限制性约定。对此,在司法实务中通常认为,劳动者持有的股票期权,不属于工资,因此不宜作为劳动争议的对象进行处理。即使劳动者离职后不能实际行使权利,也难以在司法审判中被认定为工资损失。此外,员工持股中,用人单位可与劳动者自行约定关于员工持有的公司股票期权的行权条件和行权方式,如劳动者只有在离职后仍任职于企业集团中的其他企业,才可行使股东权利获益。司法审判中较多认为尊重当事人意思自治,而不对行权条件或行权期限作合理性审查。但是,劳

〔1〕 并不是所有被称为“薪水”“报酬”的货币给付都属于劳动法律中的“工资”。笔者认为,工资是劳动报酬的特定法律形式,只有在劳动法律关系下的劳动者,其劳动报酬才称之为法律上的工资,并受劳动法保护。

〔2〕 货币支付形式的多样性适应我国未来货币制度改革的需要。例如,目前正在讨论的电子货币,以电子货币支付工资,可同时服务于国家的货币政策。

动者仍可在一定条件下对股票期权享有期待利益,并得到法院的支持。现实中的另一个问题在于,如果将劳动者的行权条件,采用工资绩效考核的方式确定,是否一概否认该争议的劳动争议性质?有法院[1]认为,劳动者的取得股票权利纠纷应作为劳动者的福利待遇案件纳入劳动争议案件处理程序。据此可见,对于员工持股的劳动法属性尚存研究之必要,特别是如何防止用人单位以员工持股的方式降低劳动者工资待遇,以及防止用人单位对员工持股的行权加以过多限制而导致劳动者离职后无权可行等问题,需要与该制度的产生背景、我国企业管理的现实等综合客观地考量。

6.1.2　工资的内涵

劳动部1995年《关于贯彻执行〈中华人民共和国劳动法〉若干问题的意见》中详细解释了劳动法上的工资构成,包括用人单位依据国家有关规定或劳动合同的约定,以货币形式直接支付给劳动者的劳动报酬。一般包括计时工资、计件工资、奖金、津贴和补贴、延长工作时间的工资报酬以及特殊情形下支付的工资等。同时,明确了应从工资中剔除的收入,包括用人单位支付给劳动者个人的社会保险福利费用、劳动保护费用和依法不列入工资总额的各种劳动报酬以及其他劳动收入。

这里出现了两个关联概念,一个是"福利费用",另一个是"工资总额"。根据财政部2009年《关于企业加强职工福利费用财务管理的通知》,职工福利费是指为职工卫生保健、生活等发放或支付的现金补贴或非货币性福利,如餐费补助、供暖费、防暑降温费等;企业尚未分离的内设集体福利部门所发生的设备、设施和人员费用;职工困难补助;离退休人员的统筹外费用等。而国家统计局1990年《关于工资总额组成的规定》第4条中列举了工资总额的构成,包括计时工资、计件工资、奖金、津贴和补贴、加班加点工资、特殊情况下支付的工资。[2]

此外,我国法律上还通过列举式规定排除了不属于工资的情形。根据《关于工资总额组成的规定》第11条规定,以下情形不计入工资总额:运动员和教练员的奖金,劳动保险与职工福利费用,退休退职待遇,劳动保护支出,稿费、讲课费等专门工作报酬,出差伙食补助或误餐补助与调动工作费用,自带生产工具补助,职工持有用人单位的股票或债券而支付的股息等。

---

[1] 刘继汉与北京三快科技有限公司劳动争议管辖异议案,北京市第一中级人民法院二审(2015)一中民终字3507号。

[2] 特殊情况下支付的工资,主要是指法定休假或因履行国家或社会义务时应当支付全部或部分工资的情形。法定休假请参见本书第七章有关休息休假方面的内容。

由于上述法律规定形成时期各异,20 世纪 90 年代的规定与现在的劳动工资实务已经产生了较大差距。因此,人力资源和社会保障部正在积极起草新的工资支付法律,以便厘清现实中的混沌。

拓展阅读

国外工资制度

各国对于工资概念的界定,在法律上千差万别。有些国家工资不仅限于货币工资,还包括实物工资,如法国。有些国家,工资包括福利,如美国。有些国家并未明确界定工资,如德国。有些国家则允许本国法定货币和特定货币作为工资支付方式,如东南亚国家规定可以美元支付工资。有些国家在工资概念的外延上则会有所扩张,如英国对员工圣诞假日奖金,以判例认定为工资。因此,对于工资概念的外延划定,往往具有强烈的国别色彩。

6.1.3 工资类型

工资类型,是对工资计量形式、工资支付分配条件、工资法律规制形式等不同标准下的分类。以工资计量单位为标准,工资主要可分为计时工资和计件工资;按照工资支付分配条件为标准,工资分为基本工资、奖金、津贴、补贴;以工资标准适用范围,又可分为企业工资、行业工资、最低工资;以工资的支付周期,可分为日工资、周工资、月工资、年薪等;根据工资的发生原因,工资可以分为一般工资和特殊工资。

★ 约定工资

约定工资是指在劳动合同中由用人单位和劳动者约定的工资。约定工资受劳动基准法规制,不得低于最低工资。约定工资在内部构成上较为灵活,法律上并无明确定义。在国有企业和事业单位中实行结构工资制的,则主要由基础工资和岗位技能工资两部分构成。

约定工资的支付,可以按小时、日、周、月为单位支付,也可以按照完成一定劳动任务后支付。但是,根据《劳动法》第 50 条的规定,我国工资的支付周期长度最长不得超过一个月。这是因为,劳动者获取工资的目的在于供养劳动者本人及其家庭成员生活所需,支付周期过长,则可能使劳动者生活陷入困顿。

★ 奖金

奖金,是一种非经常性给付的工资。根据 1990 年《关于工资总额组成的规定》

第 7 条规定，奖金是指支付给劳动者的超额劳动报酬或者增收节支的劳动报酬。这里，超额劳动报酬是针对超过劳动定额的奖金，而后者则是因节约生产资料而获得的奖金，在现实中可表述为超产奖、节约奖、劳动竞赛奖等。在非生产性单位中，则还存在绩效奖金、全勤奖等其他奖金形式。

从奖金的界定看，本意是指不经常发生的带有奖励性质的劳动报酬。因此，客观上奖金并不是按照职级、岗位等工作内容而径直享有的劳动报酬，在奖金数额上存在劳动者之间的普遍不同。但是，在现代社会中，很多用人单位尽管使用了奖金的名称，但是否实际上属于奖金类别，需要具体判断。例如，年终奖对所有劳动者发放时，性质上是工资还是奖金，有待商榷。另外，有些奖金如用人单位的发明创造奖、技术改造奖等，与劳动者在劳动关系中的智力创造有关，还会与知识产权法发生关联。其性质上不仅仅是奖励，还包括对劳动者智力成果的补偿。由此可见，对于奖金的法律性质界定需要具体情况具体对待。

此外，奖金的支付，通常而言属于用人单位的自由管理范畴。但是，奖金的扣除是否不受约束，也与奖金本身的法律性质相关。例如，全勤奖，奖励的是对工作连续性的劳动状态。实践中的问题主要是，如果劳动者请假，是否丧失对该奖金的受领？或者，是否对请假的假期性质区别对待？在地方劳动争议处理实践中，尚无统一标准。但应当注意的是，属于法定假期的情形，如年休假、婚丧假、产假等，由于法律上规定是带薪休假，这里的带薪是全额工资，因此，不应认为构成对全勤奖的失格情形。否则，加之于劳动者奖金收入上的不利，会影响上述法定休假的实现。

在奖金的支付上，特别是年终奖的支付，很多情况下是固定的金额（包括依照固定的计算方法可得出固定的金额）。实务中用人单位多将年终奖的支付安排在单位会计审计之后发放，如每年的 5 月或 6 月，而不是实际在年末 12 月发放。如果劳动者离职是否丧失对已发年终奖金的请求权？对此，法律上也无明文规定，但是，司法实践中倾向于支持劳动者获得该年终奖，理由在于该奖金实质是劳动者的工资性收入。据此逻辑，则在事先约定年终奖金额时，如果劳动者提前解除劳动合同，可按照履行合同的期间比例获得该奖金。这里的年终奖一定意义上具有工资性。

★ 津贴和补贴

津贴和补贴，按照 1990 年《关于工资总额组成的规定》第 8 条规定，是指补偿劳动者在特殊条件下的额外劳动消耗和生活额外支出的工资补充形式。与奖金一样，理论上认为是一种辅助性工资。津贴和补贴的意义在于根据劳动条件的特殊性给予劳动者特定补偿，同时也可达到对工资水平的微观调整，并构成用人单位在劳动力市场中的竞争优势。

常见的津贴有对特殊劳动条件下劳动的特殊补偿,如高温津贴、夜班津贴、高空作业津贴等;也有对工作地点特殊性的补偿,如山区津贴、驻岛津贴、外勤津贴等;还有对高危环境作业的津贴,如在粉尘、放射性、高压、有毒有害等环境作业的保健津贴、医疗卫生津贴等;以及为特殊职业设置的津贴,如科研津贴、运动员津贴等。而补贴一般与工作内容本身无关,而是与国家经济状况和物价水平相关的补偿,如物价补贴、交通补贴等。

★ **加班工资**

加班工资,也称为加班加点工资,延长劳动时间的工资。依照我国的工作时间制度,超出法定工作时间安排劳动的,以及休息日、公共节假日安排劳动的,用人单位依法支付加班工资(参见第7章延长工作时间制度的内容)。根据《劳动法》第44条的规定,延长工作时间下的工资支付标准分别为不低于劳动者工资的150%、200%和300%。

特殊工资主要包括法定休假期间的工资,和依法履行法定义务、参加社会活动时的工资。这种特殊情形下的工资,实际上是将劳动者的非劳动状态视为提供了正常劳动(或部分正常劳动)时的工资。

★ **法定休假工资**

法定休假工资,是指劳动者依法获得休假时而应取得的工资,在我国主要包括带薪年休假、探亲假、婚丧假、产假(产检假)、哺乳假、病假时的工资。在年休假、探亲假、婚丧假、产假(产检假)、哺乳假期间,劳动者视为提供了正常劳动,因此工资支付为全额支付。需要注意的是,这里的全额工资是指约定工资,也即基本工资,不包括奖金、津贴补贴和延长工作时间的工资。而在病假期间,属于法定医疗期的,由于病假的成因存在劳动者自身过错(对健康管理上的过错),因此导致不能履行劳动合同,用人单位仅在规定的医疗期内履行不低于最低工资60%的病假工资给付义务。

★ **依法履行法定义务或参加社会活动的工资**

依法履行法定义务或参加社会活动的工资,是指劳动者同时作为公民,依法参加各级人民代表大会的选举与被选举,依法出席乡或区级以上政府、党派、工会、妇联等会议,依法协助司法审判(如作为证人出庭作证),出席劳动模范先进工作者会议等情形时,视为提供了正常劳动,工资照发。此外,作为对工会干部的保护规定,在用人单位兼职从事工会活动的基层委员会委员,占用工作时间从事工会活动的,视为提供了正常劳动,工资照发。根据我国《劳动法》规定,工资支付不得无故拖欠或克扣。但是,在法定情形下,用人单位对工资的抵扣或不支付不属于违法。

★ 履行法定义务的工资抵扣

用人单位依法代劳动者缴纳个人所得税和社会保险费、公积金,因代扣代缴为用人单位的法定义务,因此不具有违法性。此外,用人单位依照法院判决或裁定代扣应由劳动者承担的赡养费、抚养费,亦属于此情形。

★ 用人单位对劳动合同履行不能的工资给付义务减免

是指用人单位因天灾人祸等不可抗力,导致劳动合同履行不能时,则依据合同法的基本法理,免于支付相应工资。此外,因用人单位经营困难,资金周转受到影响的,则经本单位工会同意,可以延期给付工资。但对于欠付工资的债务免除,得应与工会或职工代表大会协商,并经劳动者本人同意,才可免除或部分免除。否则,应当按照法律重组或破产清算程序进行工资的偿还。

★ 劳动者存在惩戒事由的工资扣除或不予支付

劳动者本身存在履行劳动合同的过错,可受到用人单位的惩处,扣减工资。但是,为了限制用人单位惩处权利的滥用,法律上要求对工资的扣减应当以用人单位在其劳动规章制度中列明,并且规章制度经合法程序制定,并事先向劳动者公告为前提。但是,工资的扣除应当符合比例原则,即应当与扣除理由相称。如因劳动者事假工资的扣除,如事假期间劳动者不存在违反规章制度的行为,则工资扣除仅限于事假所涉的工作时间。而如果劳动者矿工造成工资扣除的,若约定三日旷工扣除当月全部工资的,则恐失公允。

★ 与用人单位之间的债的免除

因劳动者过错造成用人单位财产损害的,则劳动者应承担损害赔偿责任。该责任的承担,可由用人单位从其工资中扣除。但为了保障劳动者的基本生活,扣除比例上法律规定不得高于劳动者月工资的20%,并且扣除后的剩余部分不得低于当地月最低工资。

6.2　最低工资制度

最低工资制度最先见于19世纪的新西兰和澳大利亚。国际劳工组织1970年制定了第131号公约《最低工资公约》，规定了确定最低工资时应考虑如下因素：工人及其家庭生活所需成本、该国的工资和生活费水平、社会保障中的生活补助水平、其他社会群体的相对生活水平、该国经济状况等。我国《劳动法》第48条第1款确立了最低工资保障制度，但最低工资标准不由国家统一颁布，而是授权省、自治区、直辖市人民政府规定，并报国务院备案。最低工资保障制度实施以来，我国各地的最低工资水平几乎每年调整。最低工资制度在政策目标上主要平衡劳动者的工资保障、经济发展需求和就业促进与维持三大目标。

6.2.1　最低工资的概念

最低工资是指一国通过法律规定，确定劳动者在法定工作时间内提供正常劳务时，雇主应当支付的最低劳动报酬。根据1995年劳动部《关于贯彻执行〈中华人民共和国劳动法〉若干问题的意见》第54条规定，**我国的最低工资，是指劳动者在法定工作时间内履行了正常劳动义务的前提下，由其所在单位支付的最低劳动报酬。**

由最低工资的概念可知，这种法定工资标准，直接适用于计时工资，对计件工资并不直接适用。同时，我国最低工资标准包括两个部分，即全日制用工时的法定工作时间下的月最低工资和非全日制用工下的小时最低工资。

最低工资的获得保障，以劳动者在法定工作时间内提供正常劳务为必要。这里的正常劳务的提供，包括视为提供正常劳务的情形。例如，劳动者履行选举和被选举的法定义务，或者作为人民代表参加人民代表大会。简言之，属于可认定为工作时间的情形，均应适用最低工作标准。

此外，如果由于用人单位原因导致劳动者无法提供正常劳务时，理论上也认为应当属于视为劳动者提供了正常劳务的情形。例如，《劳动合同法》第58条第2款规定，劳务派遣的劳动者，当被用工单位退回后，未被再行安排派遣劳动的，由派遣单位（用人单位）按月支付最低工资。如果发生劳动争议而劳动者未能正常提供劳务时，该如何界定？这种情形下应当按照劳动争议仲裁委员会或者人民法院的终局裁决或判决，确定不能正常提供劳务的原因应当归因于哪方主体具体确定。如果属于用人单位实行了违反劳动法律的行为客观导致劳动者不能提供正常劳务的，仍应视为提供正常劳务的情形，适用最低工资标准。

除了国家立法确定法定最低工资之外，在集体谈判盛行的国家，还可以通过行业集体谈判订立行业最低工资标准，以集体协议的方式达到法定最低工资的规范效力。当该国的行业集体协商具有准劳动立法的特征时，则这种集体协商上的最低工资约定具有法定最低工资的效力。典型的如德国集体协商下的最低工资约定。

除此之外，企业内部进行的工资集体协商，往往会约定本单位岗位最低工资。对此，根本上而言不属于法定最低工资的范畴。因此适用的原则是，企业工资集体协商下的最低工资水平不得低于当地人民政府公布的最低工资水平，否则属于无效约定。

6.2.2　最低工资规定

《劳动法》上关于最低工资的规定，见第48条和第49条。除此之外，我国最低工资的专门立法见2004年劳动和社会保障部颁布的《最低工资规定》。在《劳动法》颁布以前，1993年我国曾制定公布了《企业最低工资规定》，是现行《最低工资规定》的前身。

★ 最低工资的构成

最低工资不包括延长工作时间的工资报酬，也不包括以货币形式支付的下列补贴、津贴，如住房补助、伙食补贴、夜间劳动或有毒有害高温低温作业下的特殊工作环境和劳动条件下的津贴以及法定社会保险福利待遇。此外，不属于工资的其他劳动收入，自然不能计入最低工资标准中。

★ 最低工资的确定程序

根据《劳动法》第48条第1款和《最低工资规定》的规定，最低工资由地方政府依照行政程序设定，主要包括以下程序：

（1）以地方三方协议的方式拟定当地最低工资标准方案，目前而言我国地方主要采取三方联席会议的方式，由省、自治区、直辖市人民政府劳动保障行政部门，会同同级工会、企业联合会和企业家协会，具体拟定。

（2）地方最低工资标准方案拟定后，由地方劳动保障行政部门报送国家人力资源和社会保障部。

（3）国家人力资源和社会保障部收到地方最低工资拟定标准后，通过国家三方协议机制，征求全国总工会、中国企业联合会和企业家协会的意见。国家人力资源和社会保障部可在收到地方报送最低工资标准的14日内提出修改意见，否则视为同意。

（4）经国家人力资源和社会保障部同意的，由地方劳动行政部门报同级人民政府批准。

（5）由地方人民政府在最低工资标准批准后7日内向社会公布。

（6）地方人民政府应在发布后10日内报送国家人力资源和社会保障部。

★ **最低工资的适用主体**

根据《最低工资规定》第2条的规定，**法定最低工资适用的主体范围包括在中华人民共和国境内的企业、非企业单位、有雇工的个体工商户和与之形成劳动关系的劳动者以及国家机关、事业单位、社会团体和与之建立劳动关系的劳动者。**按照法律适用的原则，最低工资适用的主体范围应当与《劳动法》《劳动合同法》的主体范围保持一致。

此外，学理上通常会列举不适用《最低工资规定》的主体。通常而言，不能从劳动法上界定为劳动者的主体，不适用最低工资规定。典型的有适用《公务员法》的公职人员、公益团体的成员（如宗教人员）、农民、军人等。也有学说认为，不予适用最低工资的人员还包括学徒工、勤工助学的学生、残疾人等。但本书认为，上述人员是否排除适用最低工资制度需要具体分析。例如，勤工助学的学生，虽然主流学说认为依照原劳动部规定，在校生不能与用人单位建立劳动关系。但从实际出发，如果在校学生从事的是非全日制劳动，则在学习和工作两立的前提下，并不妨碍其与用人单位建立劳动关系，因而其应受到小时最低工资的法律保护。残疾人就业，如果劳动者的劳动能力与工作岗位匹配，则属于通常的劳动法律关系，其工资也应当受到最低工资制度的保护。

★ **最低工资的适用时间范围**

根据《最低工资规定》第3条的规定，**劳动者享受最低工资制度保障的时间范围，是其在法定或约定工作时间内的期间。在法定和约定工作时间之外，法律上还规定了视为提供正常劳动的情形，即法定休假期间和在法定工作时间内依法参加社会活动期间，视为劳动者提供了正常劳务，适用最低工资标准。**

同时，根据劳动部《关于贯彻执行〈中华人民共和国劳动法〉若干问题的意见》第57~59条和第64条规定，以下情形不适用最低工资标准：

（1）因可归责于劳动者自身的原因而不能提供正常劳务的时间，如迟到、早退、旷工、事假等情形时。

（2）企业下岗待工人员，由企业依据当地政府的有关规定支付生活费，可低于当地最低工资标准。

（3）国有企业在工资支付困难时，不适用最低工资规定，而应发放职工基本生活费，并可低于最低工资标准。

（4）职工因私伤病期间，在规定的医疗期内由企业按照规定支付病假工资或疾病救济费，其标准可在当地最低工资标准的80%以上由用人单位决定。

延伸阅读

最低工资制度的效果

在国内外经济学界学术研究中,对于最低工资制度是否符合市场经济的基本规律,以及是否能够真正达到保护劳动者的目的,一直争论不休。争论的主要焦点在于,最低工资制度制定后,势必会影响市场劳动力价格水平,连带影响到低薪劳动者的就业机会。有些学者通过实证分析,发现最低工资制度实施下一个就业机会的产生,往往会导致倍数同类就业机会的丧失。也即最低工资制度会导致对低薪劳动者的挤出,客观上会造成对低收入劳动者就业权的侵害。因此,最低工资制度本身可能导致劳动者内部的贫富分化加剧。对此,也有观点认为应当根据国家和地区的不同实际作出调整,并将对最低工资制度的效果评价放在最低工资水平的合理性,最低工资制度的执行效果等方面。即最低工资对就业劳动者的收入分配影响应当是被首先评价的制度效果。

6.3　工资支付保障制度

在我国,欠薪问题是困扰中国劳动者的普遍性问题。[1] 当事人之间无法自动诚实履约时,则需要外部监督机制或保护机制,以确保劳动者给付劳务后获得工资。这些保障机制在劳动法上被称为"工资支付保障制度"。

通常,工资保障制度上,按照保障的内容为标准,大致分为**工资水平保障制度和工资支付保障制度。**

工资水平保障制度,主要涉及的是劳动者名义工资和实际工资之间的平衡问题。实际工资水平以劳动者通过货币工资所购买的生活资料和服务的数量决定,能够较为确切地反映劳动者的实际收入水平和生活状况。实际工资与名义工资的关系是:实际工资 = 名义工资 ÷ 消费者物价。对工资水平的国家保障,能够确保国家经济增长过程中劳动者的分配收益,也从根本上确保劳动者作为消费者具有充

---

〔1〕 特别是建筑行业的农民工群体,由于用工形式的复杂化以及工程项目的结算习惯,为了确保农民工拿到工资所得回家过年,欠薪问题往往在每年春节前成为全国性劳动监察的对象。从前任总理温家宝对欠薪问题的关注,到刑法上欠薪罪的确立,可见工资支付保障是我国当前社会重大关切。

足的消费能力。因此，工资水平的国家保障，能够实现市场经济下政府对经济宏观调控的目的。我国政府对劳动者的工资水平保障一直高度重视，以统计和公布年度地方社会平均工资的方式，引导企业工资增长；并且通过平抑物价，调控商品价格的方式，或者通过流通环节的间接补贴方式等，调控物价水平。从以上两个方面，实际工资水平可获得一定调整，并对促进经济发展发挥积极作用。

我国现行法律，对工资制度保障的规定见《劳动法》第 50 条和第 91 条的规定。此外，工资支付保障的国家立法主要见国务院 1994 年《工资支付暂行规定》以及 1995 年劳动部《对〈工资支付暂行规定〉有关问题的补充规定》。地方立法上，有些地方实行特殊的工资支付保障制度，如《深圳经济特区欠薪保障条例》及《深圳经济特区欠薪保障条例实施细则》，规定劳动者在知道用人单位破产，或法定代表人及主要负责人逃匿之日起 30 日内，可向劳动行政部门申请垫付拖欠工资。[1]

此外，根据 2006 年《破产法》的规定，对于用人单位因经营不善导致企业重组或破产清算时，所欠工资作为优先受偿债权客体，在企业重组或破产清算程序中优先受偿。[2]

6.3.1　工资垫付制度

在我国劳动法律中，尚没有适用于全体劳动者的工资垫付制度。但是，在特殊行业和地方工资支付立法中，出现了工资垫付或者欠薪保障基金等制度。特殊行业在我国主要是指建筑施工行业，由于委托关系的复杂性导致工程款项结算容易出现问题，而用工形式也存在不规范的情形，致使建筑业欠薪成为我国较为严重的社会问题。对此，2016 年国务院颁布了《关于全面治理拖欠农民工工资问题的意见》，不仅明确了欠薪时承担欠薪责任的主体，将建设单位及总施工承包单位作为工资支付的连带责任人进行了相关规定。同时，其第 9 条和第 14 条也明确规定了多种欠薪保障机制，包括由建设单位或工程施工总承包单位的先行垫付制度（以未结清工程款为限），以及建立欠薪周转金或欠薪保障金的方式，预先保留或提取部分工程款项，在发生欠薪时从上述基金中垫付工资。

深圳、上海、江苏、安徽等省市都建立了全行业或专门行业的欠薪垫付制度。有些地方甚至将欠薪保障金按照社会保险的方式进行统筹，在所属辖区内企业出现

---

〔1〕　根据深圳地方规定，工资垫付制度不适用于特定劳动者，包括企业负责人的近亲属、高薪所得者（前 3 个月平均工资超过深圳社会平均工资 3 倍者），拖欠工资数额巨大者（欠薪总额超过 20 万元），以及欠薪数额过小者（欠薪少于 200 元）。

〔2〕　工资债权在破产清算程序中，仅次于破产费用和共益债务，先于欠缴税费和普通债权。

歇业、破产、负责人逃匿等情况时,从保障金内垫付欠薪工资。

当前我国相关制度存在的问题是,欠薪垫付后,如何由地方政府对实际债务人(欠薪用人单位)追缴欠款。由于我国幅员辽阔,欠薪单位及其负责人容易逃匿。只有通过全国联网追查以及和公诉机关协同处理的方式,才能有效制裁欠薪行为人的违法行为,并及时对垫付基金予以补充。[1]

6.3.2　欠薪的法律救济与法律责任

发生欠薪后,劳动者**可以诉诸的法律救济途径**通常为三种:其一,**追究用人单位的劳动行政责任**,以劳动行政部门依职权责令用人单位支付欠薪,并可同时依法追究其违反劳动法强行规定的行政法上之责任。其二,劳动者**依据劳动合同,提请劳动争议仲裁和民事诉讼**。其三,**当用人单位欠薪行为涉嫌拒不支付劳动报酬罪时,可提请检察机关提起公诉。**

在第一种法律救济下,根据《劳动法》第91条第1项至第3项以及《劳动合同法》第85条的规定,用人单位存在违法情形的(包括克扣或故意拖延支付工资,拒不支付延长劳动时间的工资,以及低于当地最低工资支付工资三种情形),由劳动行政部门责令用人单位支付工资报酬,并可责令支付经济赔偿金。这种法律救济,既可以通过劳动行政部门依职权主动作出行政行为而实施,也可因劳动者举报用人单位违法行为而实施。根据2004年《劳动保障监察条例》第26条的规定,用人单位存在工资支付违法事项时,劳动行政保障部门应分别责令用人单位限期支付工资或补足低于当地最低工资的部分。违反劳动保障行政部门命令的,则对用人单位可由劳动保障行政部门责令其按照应付工资的50%以上100%以下向劳动者加付赔偿金,并可在一定情形下成就欠薪罪的犯罪构成。[2]

在第二种法律救济下,劳动者可通过劳动争议仲裁或诉讼的程序,根据劳动合同的约定和实际履行,向用人单位主张欠薪支付以及相关赔偿。根据《劳动合同法》第85条的规定,在主张工资支付外,还可主张应付工资标准50%以上100%以下的经济赔偿金。

在第三种法律救济下,主要是适用《刑法修正案(八)》第41条的规定和我国《刑法》第276条的规定,向公安机关举报可能存在的欠薪犯罪,通过立案侦查,由

---

[1] 工资垫付后如果不能对欠薪主体进行追责,则对守法用人单位会形成逆向激励。同时,地方上有些以财政部分补充垫付基金,如果不能有效追责,则可能存在对纳税人税收滥用之虞。

[2] 行政部门命令其支付欠付工资,用人单位仍拒绝支付的,是适用刑法拒不支付劳动报酬罪的前提。因此,在行政处罚和刑事定罪之间,存在程序衔接问题。

国家检察机关提起对用人单位和直接责任人的公诉。2014年，最高人民法院、最高人民检察院、人力资源和社会保障部曾联合发布了《关于加强涉嫌拒不支付劳动报酬犯罪案件查处衔接工作的通知》，将查处涉嫌拒不支付劳动报酬情形下的劳动行政监察和公诉罪的处理联系起来，加强对恶意欠薪的犯罪打击效果。特别是对于因用人单位逃匿导致欠薪取证困难时，由劳动保障行政部门配合及时对劳动者进行调查询问，主动收集证据。如果用人单位故意拖欠工资但并未藏匿的，则劳动保障行政部门可通过书面、电话、短信等方式通知用人单位出面，如果用人单位未在行政机关指定的时间和地点出面配合处理的，则视为构成“逃匿”，可成为“拒不支付劳动报酬的犯罪构成”。

按照现行《刑法》第276条的规定，就故意恶意欠薪的行为增设了“拒不支付劳动报酬罪”。该罪属于财产犯罪，该罪名的犯罪构成如下：犯罪主体是用人单位和负责人（主要负责人或直接责任人），因此是一种单位犯罪。至于负责人的范围，我国刑法中规定为主要负责人或直接责任人，在具体情形下可以为企业所有人、企业经营管理人员（包括人力资源管理人员等）。主观方面，存在非法占有劳动者劳动报酬的目的。这种占有不仅指积极的占有，也包括因不希望发生人工费用，而不从用人单位资产中析出劳动报酬的消极占有情形。客观方面，拒不支付劳动报酬的行为需要满足一定行为要件。首先是行为人实施了转移单位财产或逃匿等方式，可判定其具有拒不支付劳动报酬的意思；其次是该行为涉及工资数额较大；[1]最后是经过政府有关行政部门责令支付而拒绝支付。

对用人单位及其主要责任人被认定构成拒不支付劳动报酬罪的，刑罚上实行双罚制：对用人单位判处罚金；对主要负责人或直接责任人处以3年以下有期徒刑或者拘役；如果造成严重后果，[2]则处以3年以上7年以下有期徒刑。

---

〔1〕 根据2013年最高人民法院发布的《关于审理拒不支付劳动报酬刑事案件适用法律若干问题的解释》第3条规定，拖欠工资数额较大，是指对一名劳动者拒不支付其3个月以上劳动报酬，并且金额达到5000元至20 000元以上；或者拒不支付10名以上劳动者的劳动报酬，且累积金额达到30 000元至100 000元以上的。

〔2〕 根据2013年最高人民法院发布的《关于审理拒不支付劳动报酬刑事案件适用法律若干问题的解释》规定，造成严重后果是指造成劳动者本人或者其被赡养人、被扶养人、被抚养人的基本生活受到严重影响，重大疾病无法及时治疗或者失学的；或者对讨薪劳动者使用暴力或者以暴力相威胁的；以及其他严重后果。

法律与规范链接

▲ 必读法条

《劳动法》

《劳动合同法》

劳动部《关于贯彻执行〈中华人民共和国劳动法〉若干问题的意见》(1995 年)

国家统计局《关于工资总额组成的规定》(1990 年)

财政部《关于企业加强职工福利费用财务管理的通知》(2009 年)

第 7 章　工作时间与休息休假法律制度

教学目标

掌握我国工作时间法律制度；
识记和掌握工作时间法律类型，以及延长工作时间的法律规则；
了解工作时间的国际法律规制；
理解工作时间和休息休假二者的制度功能和法律目标；
掌握我国休息休假的现行法律规则；
识记和理解法定休息休假的法律效果；
了解休息休假的国际法律规则与发展趋势。

推荐参考资料

1. 林嘉主编：《劳动法》，法律出版社 2016 年版，第六章。
2. 黎剑飞：《劳动法与社会保障法》，北京大学出版社 2015 年版，第六章。
3. 常凯：《劳动法》，高等教育出版社 2011 年版，第十一章。

7.1　工作时间法律制度

知识要点

7.1.1　工作时间的概念

★ 工作时间

工作时间在学理上通常会区分为**法定工作时间**和**约定工作时间**。**约定工作时**

间，通常是指一个自然期间内劳动者提供劳动的小时数和时间分布，习惯上表现为一个自然日内的劳动时间起止时间安排和当日劳动时间的小时总数；或者一个周期内的工作日安排和该周期内劳动小时的总数。法定工作时间，是依照一国法律规定对工作时间的强制性安排，主要体现为对自然日内的工作小时数**上限限制**，和一定工作周期（如一周或一月）内工作小时上限的限制。根据法律规制方式的不同，法定工作时间制度内又可分为标准工时制度和特殊工时制度。而对于约定工作时间，则是在法律法规的限制范围内，由劳动合同双方当事人对工作时间安排的约定，包括工作小时数的约定，具体劳动给付的起止时间约定，以及集体合同中对企业内部全体或部分劳动者的工作时间整体安排。

★ 工作时间的制度功能

工作时间是劳动法上重要的法律制度之一。工作时间制度的意义在于**划分劳动者在工作和生活之间的界限，通过限制工作时间的最长时间上限，反向保障劳动者能够获得足够的休息时间和私生活上的自由。**因此，**工作时间与休息时间的规制往往是一体两面，从正反两方面为劳动者的经济生存权和生命健康权提供保护。**

同时，由于人力资源管理的科学发展，工作时间也成为计算生产效率和劳动者工资的基本单位之一：劳动者的工资收入水平 = 小时工作金额 × 工作时间。因此，工作时间制度也对调节工资收入水平具有重要影响。特别在是小时工资较低的国家和地区，延长工作时间，也即通常被大众所理解的加班，就成为提高工资收入水平的方式。从这一点而言，**工作时间也可能会侵蚀休息时间，而实际造成对工作时间制度保护目标的削弱。**

在劳动法上，**工作时间制度的法律目标的实现，不能从劳动法的制度体系中割裂出来分析评价；而是往往会与休息制度、工资制度等法律规制联系考量。**同样，劳动法上的其他法律问题，如因长期超时劳动（也即所谓的“过劳”）而导致对劳动者身心健康甚至生命的侵害，则也需仰赖通过对工作时间制度等方面的分析，寻求制度救济。

★ 工作时间规制的历史发展

从劳动法的历史发展来看，各国早期的工厂法律都将工作时间规制作为劳动立法上的重要内容，以保护童工或女性劳动者的健康。例如，英国 1802 年《学徒健康与道德法》中，规定童工每天的工作时间不得超过 12 小时，而且禁止安排童工在晚上 10 点到次日 6 点之间的夜班工作。德国 1839 年《普鲁士工厂矿山规则》中禁止未成年工每天工作时间超过 10 小时，并且禁止未成年工在夜间劳动。1878 年 5

月1日,美国35万人全国性大罢工争取每天8小时工作制取得巨大成功,5月1日也因此被第二国际定为国际劳动节,流传至今。国际劳工组织第一个国际公约就是《限定工业企业中一天工作8小时一周工作48小时公约》,确立了8小时日工作制以及每周限为48小时。自20世纪70年代开始,发达国家相继掀起了缩短工作时间的运动。欧美国家开始实行每周40小时工作制,并影响到东亚的日本和韩国。20世纪80年代,欧洲一些国家进一步缩短了工作时间,如法国从1981年的周39小时工作时间到1999年缩短到周35小时。有些国家也通过自愿性缩短工作时间的方式,为工作时间政策改革铺垫。例如,日本目前鼓励企业推行35小时工作时间,使周五下午半天得以促进劳动者参与家庭生活,以及促进周末消费。在工作时间的安排上,发达国家在20世纪80年代开始提出"弹性工作时间"的概念,在满足劳动者个人的上下班时间的灵活安排需求之外,可以辅助实现其他公共政策的改善,如都市交通高峰拥挤的改善等。此外,在经济危机发生时,为了保障稳定就业,欧洲出现了"分享工作"(sharing work)的概念,以缩短每一劳动者的工作时间数量,达到维持雇佣和缩减用工成本的双重目的,从而为劳动者的就业安全和社会保障的连续提供符合市场方式的解决方案。

当代工作时间制度的发展,一方面,对企业内部的人力资源管理提出了系统化、多样化要求,促进了企业内部管理水平的提高。另一方面,劳动者的工作和生活能够进一步趋向平衡,适应各国社会的发展。特别是,工作时间的多样化和灵活化,使劳动者能够兼顾其在其他法律关系中的责任,特别是对处于社会弱势的家庭成员(如老年父母、残疾家庭成员、未成年子女)的照顾,促进了劳动者作为市民社会主体的人格完整性。

★ 我国工作时间的分类

我国劳动法中,对于全日制劳动者的工作时间可分为标准工时和特殊工时。此外,对于约定工作时间,为了保证劳动者的休息和健康,法律上对每日和每周的延长工作时间小时数规定了上限限制。除此之外,对于约定缩短工作时间,或者工作时间的起止时间,劳动法上并未作出具体规定,属于当事人意思自治范畴。另外,对于非全日制用工,仅规定在该劳动关系下的一日工作时间不得超过4小时,然而,难以适应现实中企业用工对工作时间多样性的需求。法定工作时间标准过于刚性。

7.1.2　标准工时制度

标准工时制度,在我国也称为法定工作时间制度,根据劳动合同类型的不同又可以分为全日制标准工时制度和非全日制标准工时制度。前者依照《劳动法》第36

条规定，实行每日工作时间不超过8小时，每周工作时间不超过44小时的工时制度。但是，国务院1995年在《关于修改〈国务院关于职工工作时间的规定〉的决定》中，将周标准工作时间上限调整为40小时。[1]周40小时标准工时制度的适用，国家法律规定了过渡期，至迟为1997年5月1日。因此，应当认为我国当前的标准工时制度中的周工作小时数上限为40小时。[2]

标准工时制度中，同时规定了工作周之间的间隔期间（也即工作周之间休息期间），即用人单位必须保证劳动者每周至少有一天休息。

需要注意的是，标准工时制度并未规定工作时间在工作日内的起始时间。用人单位可以按照自身需要规定劳动者的工作日起止时间。大多数用人单位习惯使用"朝九晚六"工作制，但也可以由用人单位选择其他工作时间模式，如"朝十晚七"，错峰上班出行的同时也可以满足劳动者特殊时期的需求。孕期劳动者可以采用错峰工作时间，对其自身安全和健康也有裨益。在同一用人单位中也可以适用不同的工作起止时间。在弹性工作时间制度中，通常会确定核心工作时间，在此工作时间期间内，则是所有劳动者应当在岗出勤的时间。

7.1.3　特殊工时制度

特殊工时制度是参照标准工时制度而言的工作时间制度的总称。按照我国《劳动法》第39条的规定，企业因生产特点不能采用标准工时制度的，可申请实行特殊工时制度的行政许可。需注意的是，特殊工时制度下，休息时间很难得到保障。因此，在特殊工时制度的行政许可中，包含对休息时间安排的审批。

根据《国务院关于职工工作时间的规定》第4条、第5条的规定，**我国的特殊工时制度包括三类，分别为缩短工作时间、不定时工作时间和综合计算工作时间。**[3]以下分而述之。

---

〔1〕实践中，有认为从法律效力层级上看，应当适用《劳动法》第36条44小时标准工时的规定。但是，如果认为国务院关于工作时间的规定属于宪法授权立法的情形，则不存在法律适用上的冲突。根据国务院工作时间规定，工作时间的解释和实施由原劳动部负责，则工作时间亟待劳动法上通过《劳动法》的修订或工作时间立法予以明确。

〔2〕1997年9月10日，劳动部颁布了《劳动部关于职工工作时间有关问题的复函》，明确了标准工作时间适用周40小时制度。因此，周工作小时数超过40小时，在44小时以下的，劳动行政部门有权责令改正。但在实践中，特别是工作生产，仍有大量生产企业采用44小时工作时间标准，未能贯彻40小时周工作制，带来了劳动法律实践上的混乱。因此有必要从立法层面上解决可能被误认的法律适用冲突。

〔3〕学说上也有认为还存在一类特殊工时，称为计件工时，本书认为计件仅为工资计算方式，计件工作的劳动者亦应适用法定工时制度，因此本书不采这种分类。

★ 缩短工作时间

缩短工作时间的特殊工时制度（也称部分工时），是指按照法律规定对处于特殊工作岗位的劳动者实行的短于标准工作时间的工时制度。法律上的缩短工时制度，是一种法定工作时间的缩短，而不是用人单位和劳动者约定工作时间的缩短。这一点对于确定劳动者超过法定工作时间的补偿请求，意义重大。因为在约定工作时间下，如果超过约定工作时间而发生工作时间的延长，劳动者是否享有所谓的加班工资，国外立法例上有以当事人约定为优先。作为法定的特殊工时制度之一，缩短工作时间的特殊工作岗位，我国法律以列举的方式规定以下几种情形：

（1）从事矿山、井下、高山、高温、低温、有毒有害、劳动强度较大（包括重劳动或劳动压力重大过度紧张）的岗位劳动者。对上述情形，可知工作本身如适用标准工时，对劳动者身心伤害过大，难以通过通常的休息时间恢复；同时也可因劳动者无法保证安全生产，而扩大安全事故的风险。因此，劳动法通过强制缩短工作时间的规定，平衡劳动者和社会大众的利益。但具体各种行业工作岗位的缩短工作时间标准为何，法律不作强制规定，由行业惯例行之。如我国矿山井下的工作时间，实行的是6小时工作制；而化工类有毒有害作业的工作时间，习惯上实行6～7小时工作制等。相应地，上述缩短工作时间制度下，休息制度也作相应的特殊安排。如化工行业有毒有害作业，实行工作三天休息一天，这样将标准工时制度下的双休日，平均在了劳动者一个工作周内的中间和结尾。

（2）深夜劳动者的缩短工时。深夜劳动在我国也称为夜班，是指从一个自然日的22点到次日的6点之间的工作。从事深夜劳动者，一般采用的是7小时工作制。

（3）女职工特殊时期作为保护制度的缩短工作时间。根据我国2012年《女职工劳动保护特别规定》第5条、第6条和第9条的规定，女性劳动者在怀孕和哺乳的特殊时期，依法获得工间哺乳时间（每一胎子女不少于1小时，多胞胎子女每人增加一小时）或产前检查时间视为提供正常劳动，客观上使其工作时间缩短。对于这种类型的缩短工时，是以增加休息时间的方式逆向规定的。这与上述（1）、（2）情形不同。[1]

---

〔1〕 我国有些教材中介绍的缩短工时，对于特定劳动者群体保护类别中，还列举了未成年工，认为未成年工适用缩短工时制度，应当安排少于8小时的工作时间。但从现行法上并无明确法律根据，因此本书未予采用。但是，按照1994年《未成年工特殊保护规定》第2条规定，需要保障未成年工的义务教育权。因此，对于未成年工中处于义务教育阶段的劳动者，其所适用的工时制度应当与义务教育时间相匹配。这一点在我国实践中是尚待完善的部分。

★ 不定时工作时间

不定时工作时间，是指因生产经营需要或工作职务的特殊性，而无法以工作时间衡量其劳动成果，而不以工作时间作为该劳动者工资计算标准的工作时间制度。简言之，不定时工作制度中，劳动者的工作时间没有标准分配模式，而以其实际完成工作任务为劳动给付评价的工作制度。根据劳动部《关于企业实行不定时工作制和综合计算工时工作制的审批办法》第4条规定，实行不定时工作制的情形限于以下几种：

（1）企业中的高级管理人员、外勤人员、推销人员、部分值班人员和其他工作无法按照标准工作时间衡量的职工。

（2）企业中的长途运输人员、出租汽车司机和铁路、港口、仓库的部分装卸人员以及因工作性质特殊，需要机动作业的职工。

（3）其他因生产特点、工作特殊需要或职责范围的关系适合实行不定时工作制的职工，如技术工作人员等。

从上述类别列举可以看出，事实上可依法实行不定时工作时间的劳动者范围较为宽泛，我国法律仅以行政许可的方式限制用人单位滥用该特殊工时制度。我国目前的主要问题在于用人单位未履行行政审批程序，而违法适用该工时制度。不定时工时制度本质上是对工作时间和休息制度法定界分的突破，并可在现行法律下免除其他工时制度下的特定用工成本，如果该工时制度被滥用，可能对劳动者身心健康和经济利益带来双重损害，因此有待立法进一步完善。

不定时工时制度下，由于劳动者的工作不受法定工作时间的限制，既可长于法定工作时间，也可短于法定工作时间，因此，其工资不受工作时间长短的实际影响，也不存在工作时间延长的概念，自然也不适用加班工资的法律规定。[1] 在此工时制度下，由于工作时间概念的模糊，使休息时间也难以得到标准的规律的保障。因此，不定时工时制在很多发达国家，仅适用于非常有限的情形。如公司高级管理人员，其界定需要与其他关联法律统一。在我国，对于公司高级管理人员，限于公司章程中登记选任的特定主体。是否与劳动法上的“高级管理人员”作一致性理解，尚未形成共识。[2] 此外，如何确保不定时工时制下劳动者的休息权，也是法律尚需明确的部分。

---

〔1〕 在地方立法上，有些地方如上海市，对于法定节假日安排不定时工时制员工加班的，规定应当支付加班工资。

〔2〕 在国务院2012年《特殊工时管理规定（征求意见稿）》第5条中作了类似规定。

★ 综合计算工作时间

综合计算工作时间,主要适用于需要连续作业的季节性劳动或受自然条件限制的其他劳动中的工作时间制度。在此工作时间制度下,由于劳动给付需要以外部自然条件为限集中作出,因此,以标准工时的工作日劳动和休息的方式难以完成工作任务。故此,在计算该类型的工作时间时,不以工作日为限,而是采用周、月、季度、年为工作时间的计算周期,以兼顾闲忙时节的工作状态评价。依照我国劳动部《关于企业实行不定时工作制和综合计算工时工作制的审批办法》第5条规定,以下情形适用综合计算工作时间制度:

(1)特殊行业特殊工作性质需要连续作业的职工,如交通、铁路、邮电、水运、航空、渔业等。

(2)受季节和自然条件限制的特殊行业内的部分职工,如地质资源勘探、建筑、制盐制糖业、旅游等。

(3)其他适合综合计算工作时间的行业职工,如受原材料供应等条件限制而无法平均工作时间常态化生产的职工等。

综合计算工作时间制度,在我国的实际适用其实更为灵活、广泛。按照法定程序获得行政许可者,即可采用此种特殊工时制度。实践中,出口型生产企业因订单变化,申请采用此工时制度,使综合计算工时制度的前提要件过于宽泛化。

综合计算工作时间制度下,劳动者的单一工作日的工作时间可能会超过标准法定工时,但其日工作时间(包括延长工作时间)的小时数,以综合计算工作时间的周期为限计算。平均到日和周内的工作时间,依法应当与标准工作时间制下的工作小时数下基本相同。该期间内工作小时数超过标准工时制下该期间内的工作小时数时,超出部分按照延长工作时间部分计算加班工资。

由于综合计算工作时间制度下,延长工作时间的小时数是以周平均工作时间为基数的,因此,可能出现在短期繁忙时,工作时间延长过长,甚至超过标准工时制度下的日延长工作时间上限(3小时)。对此是否违反法律,并无明确规定,在学理上往往认为并不存在违法评价之必要。但是,对此问题不应绝对化,如果计算周期过长,如按季度或按年,在此期间内的超长时间工作可能会蓄积疲劳,并导致对劳动者身心健康的重大侵害。如连续加班数周,每日加班时间超过4小时,则可能导致劳动者心脑血管系统无法承受而猝死。从劳动者职业健康安全的角度,有必要对综合计算工作时间制度下的延长工作时间或休息确保进行一定规制。

此外,对于综合计算工作时间制下的延长工作时间,该按照何种标准[1]计算加班工资,目前按照1997年劳动部发布的《关于职工工作时间有关问题的复函》第5条规定,延长工作时间按照本人工资的150%支付加班工资,对于在法定节假日安排工作的,则按照本人工资的300%支付加班工资。

从特殊工作时间制度的分类,可以看出劳动法在工作时间制度上,是为了平衡劳动者工作与家庭生活。有了工作和私生活之间的界分,劳动者才有机会获得充分的休息和劳动力再生产,这对于一国的劳动力水平和劳动效率至关重要。在特殊工时制度中,法定劳动时间的缩短,是从劳动强度和劳动危害的客观性出发,对工作时间的限制。而不定时工作制和综合计算工作时间制,则是从企业生产经营的客观特殊性出发,对工作时间制度的变通。但是,不定时工作时间制和综合计算工作时间制度在劳动者的休息权和健康权的保障上,容易因制度滥用而被弱化甚至侵蚀。因此,特殊工作时间的程序控制有积极意义。一方面我国的行政许可制作为法定程序,应当被贯彻;另一方面从国家劳动行政部门的意见看,企业应通过与工会或职工代表大会集体协商确定本单位内部的工作时间和休息规则。

7.1.4　非全日制工作时间

非全日制用工,是从**用人单位管理的**角度称谓的一种劳动关系,劳动者处于此种劳动关系中,也可以称为**部分工时劳动者**(相比较标准工时制的劳动者而言)。根据我国《劳动合同法》第68条的规定,其法定工作时间是在同一用人单位平均一日不得超过4小时,并且合计一周工作时间不超过24小时。对此规定的理解,首先是对同一用人单位而言,其次是劳动者如果与两个以上用人单位建立劳动关系分别提供非全日制劳动的,则每日与每周的工作时间可以超过上述限制。同时,法律并未限制劳动者与用人单位建立非全日制劳动关系的数量。

需要注意的问题在于:第一,非全日制工作时间的法定标准,以周工作小时数上限为限,日工作小时数法律仅规定为平均不超过4小时,则可以在周工作小时数上限范围内调整日工作小时数。如一周工作时间总数24小时,工作日为4日,则每日工作6小时。第二,非全日制工作时间制度下,是否可以延长工作时间?以周工作小时总数为24小时的法定上限为前提,在标准工时制度下尚可存在延长工作时间,应当理解非全日制工作时间制度下也应允许。但如果允许延长工作时间,是否对延长小时数以日和周为单位设定限制,法律尚未规定。同时,如存在延长工作时

---

[1] 2009年《深圳市实行不定时工作制和综合计算工时工作制审批管理工作试行办法》。

间的情形,是否应比照标准工时制支付加班工资。

从非全日制工作时间制度的产生背景看,其目的在于服务生产经营的临时性需求,灵活适应经营需求,同时也带来了就业者劳动的灵活性。但是从劳动法保护劳动者的角度出发,亦应注意在临时性补充劳动力需求的同时,不能带给劳动者身心损害,确保其休息权的实现。此外,如果因滥用非全日制工作时间,长时间加班,而使劳动者的工作时间与全日制劳动者工作时间发生混同时,应认定其为从事的是标准工时工作。

7.1.5　延长工作时间的限制

★ 延长工作时间的限制

在我国,延长工作时间也称为"加班加点",其中,**加班是指对休息日、节假日安排工作的称谓;加点是指在工作日内延长工作时间**。根据我国《工资支付暂行规定》第13条规定,延长工作时间发生于两种情形:一种是计时劳动中,劳动者完成劳动定额[1]或规定的工作任务后,超过法定标准工作时间工作的;另一种是计件劳动中,劳动者完成计件定额任务后,由用人单位安排继续工作的。但是近年来,习惯上已经不对上述二者作严格区分,故此本书中统称为"加班"。

加班是对法定工作时间与企业生产经营的临时性需要之间的一种妥协和平衡。原本法定工作时间已经从国家立法层面界定了工作和生活在时间上的界分,以保障劳动者的休息和健康,以及满足完善自我发展的需求。但是,用人单位的经营生产必须迎合市场需求和市场竞争,市场经营生产行为的调整是实时变动的,因此也产生了对加班的客观需求。法律为平衡上述需求的矛盾,进而对加班时间上限进行规制,在不损害劳动者健康的前提下,允许用人单位按需调整工作时间,满足其经营行为的市场需求。

延长工作时间发生在计时工作中。不以工作时间为劳动评价的直接标准的不定时工作制中,不存在延长工作时间的情形。

★ 延长工作时间的程序要件

根据《劳动法》第41条规定,出于用人单位生产经营需要的,用人单位可与工

---

〔1〕这里的劳动定额,是企业内部根据当时的生产和技术条件,确定生产单位产品或完成一定工作量所应当消耗的劳动量标准,或者是在单位工作时间内生产产品或完成工作量的标准。劳动定额根据计算单位标准不同可分为工时定额和产量定额。参见郭捷主编:《劳动法与社会保障法》,法律出版社2016年第3版,第195页。

会或劳动者通过协商程序延长工作时间。这里的协商，意味着延长工作时间需经过劳动者同意。在集体层面，用人单位通过与工会协商，以工会对劳动者集体意思的代表获得延长工作时间的同意；与劳动者的协商，主要指对涉及延长工作时间的个别劳动者的协商，由于延长工作时间直接影响到该劳动者的休息权的实现，因此这种协商是为了确保获得劳动者的个别同意。依法协商延长工作时间，是强制性程序规定，用人单位未经协商程序而径直安排劳动者加班的，则可能产生强迫劳动的法律效果，依法承担相应的法律责任。

同时，根据《劳动法》第 42 条和《国务院关于职工工作时间的规定》第 6 条及劳动部《贯彻〈国务院关于职工工作时间的规定〉的实施办法》第 7 条的规定，延长工作时间的工作小时数上限限制，在以下情形下可不受限制：

（1）因发生自然灾害、事故或者因其他原因，使人民的安全健康和国家资财遭到严重威胁，需要紧急处理的。

（2）生产设备、交通运输线路、公共设施发生故障，影响生产和公共利益，必须及时抢修的。

（3）必须利用法定节假日或公休日的停产期间进行设备检修、保养的。

（4）国家机关、事业单位未完成国家紧急任务或完成上级安排的其他紧急任务，以及商业、供销企业在旺季完成收购、运输、加工农副产品紧急任务的。

（5）为完成国防紧急任务，或者完成上级在国家计划外安排的其他紧急生产任务的。

（6）法律、行政法规规定的其他特殊情况。

★ 延长工作时间的法定限制

按照《劳动法》第 41 条的规定，用人单位经协商后延长工作时间的，对所延长的工作小时数法律设定了日和周的上限。即一日的延长工作时间一般以 1 小时为限，因特殊原因而需要进一步延长工作时间的，每日不得超过 3 小时。但法律并未规定特殊原因的构成，一般交由用人单位判断。仅在特殊原因导致延长工作时间的情形时，要求以保障劳动者身体健康为前提。而保障劳动者的身体健康，以保障休息权为首要方式。因此在劳动者延长工作时间的补偿中，我国劳动法规定也体现了休息优先的立场。（见以下延长工作时间的补偿机制）

因特殊原因延长工作时间，无论如何安排日工作时间，每月不得超过 36 小时。这里的月为自然月，也即在此情形下的延长工作日数不超过 12 日。这里可能出现的问题是，如果按照一般情形每日安排延长工作时间 1 小时，则延长工作时间日数可能超过12日，并不为法律所禁止。但在安排延长工作时间时，不宜将延长部分再做切割，否则在每次延长工作时间时间的间隔部分可认为是待工时间，视为提供延长工作时间的劳动。

★ 延长工作时间的补偿

根据《劳动法》第44条和劳动部《工资支付暂行规定》第13条规定，延长工作时间可产生相应补偿，包括补休和加班工资。按照延长工作时间所安排的情形（对劳动者休息权的侵害程度）不同，分为工作日加班、休息日加班和法定节假日加班三类。工作日延长工作时间的，则用人单位需支付不低于其劳动合同约定的小时工资的150%的加班工资。在休息日加班的，则用人单位需安排补休，不能安排补休的，则需按照不低于劳动合同约定的小时工资的200%支付加班工资。法定节假日加班的，则用人单位按照不低于劳动合同约定的小时工资的300%支付加班工资。需要注意的是，加班工资中，法定节假日的加班工资，根据劳动部《〈对工资支付暂行规定〉有关问题的补充规定》第2条的规定，不包含作为计算延长工作时间报酬的正常工资，也即在此情形内"用人单位需支付的延长劳动时间的工资＝原小时工资×延长工作小时数×（1＋300%）"。延长工作时间的补偿，同样适用于计件工资劳动者和特殊工时制度中的法定短时间劳动者、综合计算时间劳动者。〔1〕

综上，我国的延长工作时间制度，**在补偿机制上，较为强调经济性补偿，对于补休制度仅在休息日加班时，强调以安排补休为前提**。对于其他情形下的延长工作时间，并未明确补休的强制性。一方面可认为，在法定节假日加班，可能导致该节假日中社会功能的丧失，如家庭团聚、探望异地亲属等；但是从劳动者恢复身心健康的角度，实则补休制度不可或缺。尽管延长工作时间的经济性补偿，由于工资水平问题比较受多数劳动者欢迎，甚至在低工资行业还成为保障其工资水平的必要手段，但是从劳动力确保的角度看，不应以经济补偿完全代替休息补偿。〔2〕

★ 深夜劳动的限制

深夜劳动，在我国法律上也称为夜班劳动。在工作时间制度中，深夜劳动由于

〔1〕 有观点认为，在综合计算工作时间制中，并不存在200%的加班工资补偿。对此，主要是由于综合计算工作时间制中，休息日不明确。但劳动法工时制度的立法本意，在于保护劳动者的身心健康，因此综合计算工时制中，即使处于工作集中时期，也应当确保劳动者每周一日的休息。对此，还需要在学理和立法上进一步探讨与完善。

〔2〕 在经济补偿的制度下，如何增加休息补偿的功能，可能为我国将来工作时间立法的重要问题。本书认为，即使不增加各种情形下的补休补偿制度安排，也应当允许劳动者在经济补偿和补休之间进行选择。

违反自然人正常的作息规律，对劳动者造成的身心侵害较通常工作时间下的劳动更甚。因此，在劳动法上往往会对深夜劳动进行规制，以最大程度地保障劳动者休息权的实现和身体健康。

我国劳动法上没有对深夜劳动的时间规定，通常根据用人单位的工作时间制度，可以存在多种夜班形式。参照国外立法例，深夜劳动通常是指劳动时间为 22 点到次日早上 6 点之间。由于正常自然人的身体修复机能需要在此间完成，因此，对于劳动者的身心健康而言，应当尽可能避免或限制深夜劳动。

出于对女性劳动者的保护，我国《劳动法》第 61 条和第 63 条分别规定，处于孕期晚期（怀孕 7 个月以上）和哺乳期（哺乳一岁以内的婴儿）的女性劳动者，不得安排其夜班劳动。

7.2　休息休假保障法律制度

劳动法上与工作时间对应的制度，是休息休假制度。根据我国《宪法》第 43 条，劳动者有休息的权利。根据《劳动法》第 38 ~ 40 条和第 45 条的规定，我国劳动者享有休息休假的权利。

休息休假，具体而言涉及休息制度和休假制度。**休息休假的时间，是指劳动者依照法律规定和劳动合同约定不从事工作并由自己自由支配的时间。休息是指工作日内以及工作日之间不从事工作的时间，由于工作日内客观存在有工作时间，因此连续休息时间少于 24 小时。休假是指以自然日为单位的整日休息。**以下文中的休息和休假，均指狭义语义下的休息休假。

休息休假制度，基本目的在于**使劳动者恢复劳动力，保持身心健康。**[1] 但随着经济社会的发展，休息休假制度的目的也在于**保障劳动者的社会维系和社会发展，**如劳动者以休息休假时间进修学习、参与家庭生活等。因此，休息休假制度的意义对于劳动者而言，既有保障其生理人格的意义，也有保障其精神性、社会性人格的重要意义。同时，休息休假制度与工作时间制度两者具有相互依存关系。

---

〔1〕 事实上，休息日在最初也具有社会维系功能。如礼拜日是为了保障劳动者参与社区宗教活动而设置的，只是在非宗教地区这种社会功能性不够显著。

7.2.1 休息

我国劳动法上,对休息的法律概念和规则并不明确。从学理上而言,通常参考国外立法,认为工作中的休息,也即工间休息,应当每4小时安排一次,一次不少于30分钟。但工作过程中因如厕、饮水等临时性休息,是否计入工间休息,并不明确。此外,在国有企事业单位中,也有工间操传统,通常为开始上班2小时后进行。通说认为工间操不是劳动者自由可支配时间,不属于工间休息时间。我国大多数用人单位,工间休息往往在1小时左右。

工作日之间的休息,包括连续工作日之间的休息,以及间隔工作日之间的休息。后者也被称为工作周之间的休息。《劳动法》第38条规定,劳动者每周应当至少休息一天。这里的一天,为一个完整的自然日,即从午夜0点至当日24点。本书认为,该条规定作为法定劳动基准,意味着每周休息一天应当适用于所有劳动者,而不论其工时制度具体为何。而对于连续工作日之间的休息,我国法律上并无规定。但从标准工作时间制度出发,可理解为通常情形下连续工作日之间的休息时间应为16小时,至少不少于13小时,以特殊情形下日延长工作时间上限为准。

应当注意的是,休息时间应当为连续时间,不应在其间穿插工作。否则可能与工作时间混同,而侵害劳动者的休息权。认定为工作时间的,可发生工资请求权。同时,休息时间,应当为劳动者可完全自由支配的时间,包括对休息地点和休息形式的选择。

7.2.2 休假

休假是指以特定目的为前提的休息制度,较前述休息制度而言,休假通常为一个或一个以上自然日为单位的连续性休息。在我国,休假制度中主要包括**法定节假日休假、带薪年休假、探亲假、产假等。此外,因工伤或私伤病等导致劳动者不能提供正常劳动的被动休假,也是休假制度中的重要内容。**

★ 法定公休假

按照《劳动法》第40条和国务院《全国年节及纪念日放假办法》的规定,劳动者可在法定节假日享有法定公休假。目前而言,劳动者享有的法定公休假为元旦、春节、清明节、劳动节、端午节、国庆节和中秋节。具体的法定公休假时间,以每年国务院办公厅公布的时间为准。

由于法定公休假在制定时,有时存在和工作日连续休息的安排,因此可能导致用人单位对工作日的重新调整。实践中可能出现相邻工作周内没有休息日,而超过6天连续上班的情形。这时是否与《劳动法》第38条的规定相冲突,有待商榷。

此外,劳动者为特殊群体的,如少数民族、女性等,则依法享有相应的公休。

★ **带薪年休假**

带薪年休假,是法定休假。根据《劳动法》第45条、国务院《职工带薪年休假条例》[1](以下简称《年休假条例》)以及人力资源和社会保障部《企业职工带薪年休假实施办法》的规定,劳动者享有带薪年休假的权利。

根据《年休假条例》第2条的规定,劳动者享有带薪年休假的权利,**前提是在同一用人单位连续工作满1年**。而**劳动者在满足上述条件后,如转职到其他单位的,则无须再次满足这一前提就可以享受带薪年休假**。根据《年休假条例》第3条的规定,劳动者享受的带薪年休假日数分为三个档次,按照其工作期限的累积长度不同而不同:工作期限在1年以上10年以下的,带薪年休假日数为5日;工作期限在10年以上不满20年的,带薪年休假日数为10日;工作期限在20年以上的,带薪年休假日数为15日。但是,根据《年休假条例》第4条的规定,**在一定情形下,劳动者不适用带薪年休假的规定:**

(1)劳动者依法享受寒暑假,且寒暑假期限已经超过其依法可享受的带薪年休假日数。

(2)劳动者因事假请假累计20日以上,并且用人单位按照规定不扣工资的。这种情形下需注意,劳动者的请假理由为事假,并且事假期间工资未受抵扣。

(3)劳动者累计病假过长时,不再享有带薪年休假。按照工作期限不同作如下分别规定:工作期限在1年以上10年以下的,病假累计2个月以上的;工作期限为10年以上20年以下的,病假累计达3个月以上的;工作期限在20年以上的,病假累计达到4个月以上的,均不再享有带薪年休假。因为劳动者对自身健康也有注意管理义务,以确保对劳动合同义务的适当履行。需注意的是,上述除外适用情形中,**寒暑假、事假和病假的累计计算,与带薪年休假的计算均为同一个自然年度(日历年)**。

带薪年休假的取得,在我国不是劳动者单方的权利,按照《年休假条例》第5条的规定,是由**用人单位根据生产工作的具体情形,结合考虑劳动者个人意愿,而统筹安排实施**。因此,实践中可能出现由于用人单位无法安排,而导致劳动者带薪年

---

[1] 我国带薪年休假制度早在20世纪90年代就已经出台。1991年中共中央和国务院曾发布《关于职工休假问题的通知》,但与后来《劳动法》上带薪年休假的法定权利不同,这时的带薪年休假具有用人单位自愿性,而在《劳动法》出台后带薪年休假的立法没有及时出台,导致该制度的实施一度难以推行。

休假落空。在这种情形下，法律规定需要区分"无法安排"的原因。如果系用人单位出于工作需要确实不能安排的，劳动者本人同意经济性补偿时，视为劳动者提供法定节假日的加班工作，按照劳动者日工资的300%支付年休假替代性工资。如"无法安排"的原因，是用人单位疏忽或管理不善等非客观工作需求时，劳动者是否享有补休年休假的权利，或者是否享有年休假替代性工资的请求权，法律没有明确规定。这种情形下，本书认为用人单位存在过错，导致对劳动者带薪年休假的权利侵害，除应当按照劳动者意思安排补休年休假外，劳动者也可以主张损害赔偿。

带薪年休假一般为一个自然年度内使用。根据《年休假条例》第5条的规定，特殊情形下，用人单位因生产、工作特点确有必要跨年度安排休假的，则可以跨年度休假。同时，带薪年休假的安排，既可以集中安排，也可以分开安排。

由上可见，我国带薪年休假，在制度上基本特征是强调用人单位的安排权限，劳动者主导使用的权利性并不突出。同时，对于特殊情形下的变通安排，并无程序上或实体上对用人单位的限制，容易导致带薪年休假难以实现，有待立法上的强化。

★ 探亲假、婚丧假（社会伦理假）

在带薪年休假之外，我国劳动法上还有**以维系家庭关系为目的的休假，包括探亲假、婚丧假等**。这些休假从功能上而言，具有社会伦理特征，以维持家庭成员关系，体现家庭伦理价值，因此本书将其概括为**社会伦理性休假**。

1. 探亲假

探亲假是我国较为特殊的一种休假。通常而言，探亲假中的"亲"包括婚姻关系上的配偶和父母。其中，"父母"是指劳动者未成年时期的亲权人，包括血亲父母和拟制父母（如具有抚养关系的继父母、领养人等），以及无父母时的其他监护人。后者在探亲假中，必须是自幼抚养劳动者，并正由劳动者供养者。根据国务院《关于职工探亲待遇的规定》和1983年劳动人事部、财政部、公安部、中国银行联合发布的《关于台胞职工出境探亲待遇的通知》规定，探亲假中的父母不包括姻亲父母。

从探亲假中的"亲"的界定可以看出，我国探亲假具有相当的家庭伦理特征，对配偶的探亲假是保持婚姻关系的便宜措施，解决因工作关系导致的两地分居情形；而对父母的探亲假，主要体现中国传统伦理中的孝道精神。与此关联的是，《老年人权益保障法》中第18条，规定了子女有看望父母之义务。探亲假能够促进该探视义务的实现。

探亲假法律规定出现在我国市场经济建立之前的20世纪80年代初，因此，对于适用主体限于当时的用人单位类型,主要包括国家机关、人民团体、全民所有制企业、事业单位中工作满一年的固定职工。按照现行劳动法的法律概念,固定职工该如何解释存在疑义。实践中,探亲假适用的劳动者往往为具有事业编制的事业单位人员,以及国有企业中签订劳动合同的劳动者。探亲假是否适用于私营企业,法律上尚不明确,有待法律进一步规定。

探亲假的享有,法定前提是劳动者与被探亲者不居住在一起,并不能在休息日和法定节假日团聚。这一适用前提较为苛刻,如利用公休假日在家居住一夜或休息半天,则视为可以在公休假日团聚。[1] 探亲假期间应给予劳动者探亲旅费的适当补助。[2] 探亲假的休假期间,见表7-1和表7-2:

表7-1　探亲假给予期间

劳动者婚姻状态	探亲对象	探亲假给予频率	探亲假给予期间
未婚	父母	每年	20天
		2年[3]	45天
已婚	父母	4年	20天
	配偶	每年	30天

表7-2　华侨、侨眷、台胞劳动者探亲假给予期间

婚姻状态	探亲对象	探亲假给予频率	探亲假给予期间
未婚	父母	每年	1个月(30日)
		每3年	70日
		每4年及以上	4个月(120日)
已婚	父母	4年	40日
	配偶	每年	1个月(30日)
		4年以上	6个月(180日)

---

[1] 此规定的理由值得商榷。因为这么短时间与亲人见面,并不能达到团聚的目的。且与探亲假的期间显著失衡。

[2] 探亲路费的补贴,分为全额补贴和部分补贴。全额补贴,限于探视配偶以及未婚时探视父母两种情形。部分补贴,针对的情形是已婚劳动者探望父母的情形,补贴额度为旅费超过其标准工资30%的部分。

[3] 因用人单位工作需要当年不能安排探亲假,或者劳动者自愿合并休假的,可安排每2年一次探亲假。

2. 婚假(晚婚假)

婚假,是指劳动者因结婚享有的休假。1980 年国家劳动总局和财政部颁布了《关于国营企业职工请婚丧假和路程假问题的规定》,规定了婚假期间视为正常提供劳务,工资照发。婚假包括婚假和晚婚假。根据《人口与计划生育条例》第 25 条的规定,符合晚婚的可获得晚婚假。晚婚假本质上是国家人口计划政策下提倡推迟结婚的鼓励性休假。现行婚假规定,主要由地方人口与计划生育条例规定。婚假的享有,不因初婚和再婚而有区别,但是晚婚假只限于初婚。

法定婚假为 3 日,晚婚假各地法律规定了不同的期限,但晚婚假应当包括婚假的 3 日。婚假期间如包括法定节假日或休息日的,不再顺延;婚假期间同时申请探亲假的,由于探亲假期间较长,则吸收婚假不再另行给予。

3. 丧假

丧假是我国 1980 年国家劳动总局和财政部联合颁布的《关于国营企业职工请婚丧假和路程假问题的规定》第 1 条和第 2 条中规定的。劳动者的直系亲属(直系亲属系指父母、子女、配偶)死亡时,需要职工本人前去料理丧事的,给予 1 ~ 3 天的丧假。同时,可根据丧事料理地点与工作地点的远近,给予相应路程假。丧假期间和路程假期间,视为劳动者提供正常劳务,工资照发。

综上可以看出,探亲假、婚假、丧假,在我国历史上曾作为用人单位的内部行政管理事项,用人单位在休假时间和假期给予上享有决定权(批准权)。这与这些休假规定制定的历史时期有关,反映了计划经济体制下用人单位的行政管理传统。但是,随着休假从福利转变为劳动者的休假权利,用人单位的决定和审批正在转变为知情和协商。特别是在探亲假和婚假的给予上,如不造成用人单位经营困难,则应当尊重劳动者对休假期间的选择意思。

★ 产假、工伤治疗恢复期、护理假等(社会保险假)

以社会保险基金支付的假期通常包括产假、护理假、工伤医疗恢复假等。按照我国现行国家法律规定,我国的**社会保险假**主要包括产假和工伤医疗期。

1. 产假

产假是指因女性职工生育子女而享有的带薪休假,在我国现行法律制度内存在不同形式,包括法定产假、法定生育鼓励假、约定延长产假。法定产假为 98 天。这里的 98 日为日历日,包括期间的国庆假日和休息日。此外,《女职工劳动保护特别规定》,对女性劳动者的产假情形按照生产难度和子女数量作了详细区分,即难产时增加 15

日产假,生育多胞胎的每多生育一名子女增加15日产假。[1]

《女职工劳动保护特别规定》吸纳了劳动部《关于女职工生育待遇若干问题的通知》中对产假的类型划分,增加了流产假的规定。以怀孕4个月为界限,不满4个月流产的,流产产假为15日;满4个月流产的,流产产假为42日。

同时,在产假规定外,法律上还有生育鼓励假,也属于因生育的带薪休假。因此,理论上可认为是一种延长产假。在我国由于长期实行计划生育政策,因此,产假待遇也受到计划生育法律法规的实际影响。依照2016年《人口与计划生育法》第25条规定,[2],符合法律法规生育的子女,可依法获得延长生育假奖励等其他福利待遇。延长生育假的假期日数,由授权地方法规具体规定。例如,北京市2016年《人口与计划生育条例》第18条规定,符合法律规定生育的情形,享受生育奖励假30日。

约定产假,是指在法定产假之外,用人单位和生育劳动者之间就产假期限进行的自由约定。约定产假是否带薪,取决于当事人意思自治。但是,如果地方法律法规另有规定的除外。例如,2016年北京市《人口与计划生育条例》第18条规定,劳动者与用人单位约定在法定产假和生育鼓励假之外,仍可再约定1个月到3个月的生育假期。从文义解读上而言,再行延长的1个月到3个月的产假,应视为生育鼓励假的延长,享受产假待遇。[3]约定产假,在法律效果上,主要是对女职工的就业保障,在此期限内用人单位不得以女职工生育为由解除劳动合同。

2. 护理假

护理假,是劳动者对其家庭成员提供照顾的法定假期。是否为带薪休假,主要依照该国社会保险给付水平而定。护理假的主体并无性别区分,护理假的请求可因家庭成员的生、老、病、残等发生需要护理的社会风险时产生。我国目前法律上的护理假限于陪产假,且为带薪休假。例如,根据北京市2016年《人口与计划生育条例》第18条规定,生育女性劳动者的配偶可享有15日陪产假。根据上海市2016年《人口与计划生育条例》第31条第2款规定,陪产假为10日。这些地方法规中的陪

---

〔1〕以双胞胎顺产为例,该女性劳动者的法定产假日为:98+15=113(日)。

〔2〕在2016年修改《人口与计划生育法》之前,该法第25条规定了晚婚晚育情形下"晚育假"的待遇,也即法定延长产假。晚育是指满足晚婚条件下,在结婚后三年生育的情形。

〔3〕此处地方法规明确规定约定期限,不是为增加设定用人单位法定义务,而是为可提供优渥产假待遇的用人单位提供法律条件。这是由于产假工资目前以生育津贴的方式由社会保险基金发放。因此从社会保险基金支出公平的角度出发,需要具有法律根据。但也因此,如果上述约定延长产假的,是否由社会保险基金承担,则涉及《社会保险法》上的合法性审查判断,值得商榷。

产假，视为劳动者正常提供劳务而发放工资。

护理假待遇来自生育保险，因此属于社会保险给付类的休假。护理假的工资依照劳动者提供正常劳动时的工资给付。

从国际经验看，护理假并不限于对生育护理的情形，对于家庭成员需要护理者，国外发达国家也多设有护理假，并从护理保险中专项支付。我国正在步入老年社会，国家正在积极探索建立老年护理保险，护理假的范围有望进一步扩大。此外，对于残疾家庭成员的护理，也属于护理假制度中的重要内容，是我国残疾人事业建设的重要内容。

3. 工伤医疗期

根据我国《工伤保险条例》的规定，在治疗工伤期间，依法享有工伤医疗期。工伤医疗期是指劳动者停工留薪进行治疗的期间。根据工伤等级（轻伤和重伤）的不同情况，劳动者可享有 1～24 个月的工伤医疗期。对于严重工伤的劳动者，工伤医疗期最长可延长至 36 个月。在工伤医疗期内，劳动者享受工伤医疗待遇，工资以及福利待遇由用人单位按月支付。

4. 医疗期休假

根据我国《劳动法》第 26 条和第 29 条的规定，劳动者因患病或负伤时，享有法定医疗期，以恢复健康。在医疗期内，用人单位不得解除劳动合同。在法定医疗期内，实际上劳动者处于养病休假的状态，因此是法定休假的特殊形式。

根据 1995 年劳动部颁布的《企业职工患病或非因工负伤医疗期规定》第 2 条的规定，医疗期是指企业职工因患病或非因工负伤停止工作治病休息不得解除劳动合同的时限。这里的解除限制，仅限于用人单位提前 30 日解除（也称为无过错解除）的情形，以及经济性裁员解除的情形。同时，医疗期内因劳动合同到期，也不发生劳动合同终止的法律效果，而需顺延至医疗期届满。医疗期的法定期限为 3～24个月，取得条件依照劳动者实际参加工作年限和在同一用人单位的工作年限两个方面决定。（见表 7－3）

表7-3　医疗期的取得

实际工作年限	同一用人单位工作年限	医疗期期间
10年以下	5年以下	3个月(90日)
	5年以上	6个月(180日)
10年以上	5年以下	6个月(180日)
	5年以上10年以下	9个月(270日)
	10年以上15年以下	12个月(360日)
	15年以上20年以下	18个月(540日)
	20年以上	24个月(720日)

根据《企业职工患病或非因工负伤医疗期规定》第4条的规定,劳动者享有的医疗期,并不要求为一次性连续治疗期间,而是在一定的延长期间内累计计算的期限。例如,3个月的医疗期计算时间范围是6个月内,而6个月以上的医疗期,计算时间范围在相应医疗期期限上延长6个月作为计算期间。此外,根据1995年劳动部《关于贯彻执行〈中华人民共和国劳动法〉若干问题的意见》的规定,在劳动者罹患特殊疾病时(癌症、精神病、瘫痪),医疗期在24个月内仍不能痊愈的,经用人单位和当地劳动行政部门批准可以适当延长医疗期。

在医疗期内,劳动者享有病假工资或疾病救济费。按照劳动部1995年发布的《关于贯彻执行〈中华人民共和国劳动法〉若干问题的意见》第59条的规定,医疗期内的病假工资或疾病救济费,不得低于当地最低工资的80%。

医疗期是一种法定病假期间,超过医疗期的病假,不再受到免于解雇的保护。

法律与规范链接

▲ 必读法条

国际劳工组织第132号《带薪休假公约》

国际劳工组织第183号《产假保护公约》

《宪法》第43条

《劳动法》第36条、第39条、第45条、第62条

《劳动合同法》

《人口与计划生育法》第25条

△ 延伸法条

国务院《关于职工探亲待遇的规定》

国务院《关于职工工作时间的规定》

国务院《关于修改〈国务院关于职工工作时间的规定〉的决定》

国务院《全国年节及纪念日放假办法》

国务院《职工带薪年休假条例》

国务院《工伤保险条例》

国务院《女职工劳动保护特别规定》

国家劳动总局、财政部《关于国营企业职工请婚丧假和路程假问题的规定》

人力资源和社会保障部《企业职工带薪年休假实施办法》

劳动部《关于企业实行不定时工作制和综合计算工时工作制的审批办法》

劳动部《关于贯彻执行〈中华人民共和国劳动法〉若干问题的意见》

劳动和社会保障部《关于非全日制用工问题的意见》

第8章　安全生产与劳动灾害

教学目标

了解安全生产和劳动灾害相关法律制度；

识记和理解工伤、职业病认定标准以及补偿制度；

掌握工伤保险制度的运行原理。

推荐参考资料

1. 李建等:《工伤保险条例释义与应用》,人民出版社2011年版。
2. 成文斌、骆振中主编:《中华人民共和国安全生产法律法规解读、事故防范处理及典型案例分析》,中国民主法制出版社2013年版。
3. 张永伟:《职业病防治行政执法办案指南》,中国法制出版社2012年版。
4. 法律出版社法规中心编:《工伤法律纠纷处理依据与解读》,法律出版社2016年版。

8.1　安全生产法律制度

知识要点

8.1.1　安全生产法律制度体系

★ 安全生产法律体系

安全生产法律体系涵盖的内容广泛,有一般法律法规,也有行业性法律法规,各有不同作用。通用性安全生产法规主要有**《安全生产法》《劳动法》《职业病防治法》《工伤保险条例》**等,**行业性的安全生产法规涉及矿山、煤矿、建筑工程等各个领域,主要集中在工业标准方面的具体规则**。在劳动标准中,**《劳动法》**第六章专章规

定了劳动安全卫生，要求用人单位建立劳动安全卫生制度，严格执行国家的各项安全标准，并对劳动者进行安全保护，以便减少事故和职业危害。

对用人单位在劳动安全方面的要求包括：

（1）建立制度，包括安全教育、安全检查、安全责任制、伤亡事故和职业病调查处理制度等方面。

（2）遵守标准，用人单位不仅要遵守劳动安全卫生方面的国家标准，还要遵守地方和行业的相应规程和标准。

（3）保护劳动者，用人单位要为劳动者提供符合国家标准的劳动防护用品，对劳动者进行及时有效的安全培训，并对可能面临职业危害的劳动者定期进行体检，确保及时发现安全隐患。

★ 安全生产法

《安全生产法》是保障安全生产的基本法律，是用人单位与劳动者在安全生产中共同遵守的行为准则。该法于 2002 年 6 月 29 日发布，于 2009 年、2014 年修改，现行《安全生产法》为 2014 年 12 月 1 日起实施。要求用人单位在建立各项安全制度的同时，进一步改善安全生产条件、提高安全生产水平，以确保生产的安全性，并且明确规定了对用人单位相关人员追究安全生产事故责任的具体要求。

在劳动关系方面，该法要求**用人单位在和劳动者签订劳动合同时，要在劳动合同中写明有关劳动安全保障的事项**，这也与《劳动合同法》关于劳动合同必备条款中对于“劳动保护、劳动条件和职业危害防护”的要求一致。要求用人单位依法办理工伤保险，这也是《劳动合同法》及《社会保险法》中都一致强调的原则。此外，该法还特别强调了以下两点：第一，要求用人单位不得以任何形式与劳动者订立协议，免除或者减轻其在生产安全事故中的法定责任。第二，劳动者有权对本单位安全生产工作中存在的问题提出批评与检举，用人单位不得因此而降低其工资、福利，也不能因此解除与劳动者订立的劳动合同，否则即构成违法解雇。

在工会工作方面，该法指出**工会有权对本单位的安全生产工作进行民主管理和监督**，包括工会有权对建设项目的安全施工等进行监督；对用人单位违反安全生产法律、法规的行为有权要求纠正；发现强令冒险作业或其他危及劳动者生命安全的情况时，有权向单位建议；发生事故后，有权依法参加事故调查，提出处理意见，并要求追究责任等。

8.1.2　安全生产法的功能与制度构造

★ 安全生产法的功能

安全生产方面的法律主要有以下两个方面作用：

(1)**保护劳动者的安全和健康**。在劳动过程中，客观存在影响劳动者身体健康的各种不安全因素，如不能有效防范，就有可能发生伤亡事故或使劳动者患上职业病。因此，需要国家通过制定安全生产法律，对用人单位提出明确的要求，保障劳动者享有安全的工作环境。

(2)**促进生产力的发展和生产效率的提高**。立法要求用人单位提供安全健康的劳动条件和劳动环境，消除伤亡事故和职业病对劳动者的威胁，使劳动者安心地从事劳动，有利于发挥其积极性、主动性和创造性，推动生产效率的提高。同时，改善劳动条件往往伴随着生产技术和生产工具的改进，开发并采用先进生产技术，本身也在推动技术进步。

★ 安全生产事故调查和报告制度

在安全生产事故发生后，公正的调查和即时有序的处理对于查找事故原因、预防事故发生具有重要的意义。在这方面2007年国务院颁布了《生产安全事故报告和调查处理条例》，条例明确了事故等级，规定了事故的报告程序、调查程度以及相应的法律责任，是安全生产事故处理机制启动和运行的重要依据。

★ 安全生产违法行为处罚制度

用人单位一旦违反安全生产法律的相关规定，将会受到相应的处罚。这在《安全生产法》和《生产安全事故报告和调查处理条例》中已有明确规定。此外，还有《安全生产违法行为行政处罚办法》《生产安全事故罚款处罚规定(试行)》等更具体的法规，对安全生产方面行政处罚的种类、管辖、程序、适用与执行等情况进行了详细规定。其中安全生产违法行为行政处罚涉及以下方面：第一，经济性处罚，如罚款、没收违法所得、没收开采设备等；第二，针对生产经营的干预性处罚，包括责令停产停业、停止建设施工、暂扣或者吊销有关许可证、关闭等；第三，涉及有关人员的处罚，包括对有关人员给予降级、撤职、不得再担任本行业生产单位主要负责人等处分，构成犯罪的，依法追究刑事责任。

法律与规范链接

▲ **必读法条**

《安全生产法》第1条,第17~19条,第25~35条

△ **延伸法条**

《生产安全事故报告和调查处理条例》

典型案例

周延斌与国家安全生产监督管理总局等劳动纠纷上诉案

吉隆客运公司是经批准从事长途客运生产经营活动的单位,周延斌系吉隆客运公司董事长。2015年6月7日7时20分许,吉隆客运公司下属舒兰分公司司机才某驾驶该公司×××号大型普通客车发生事故,车辆侧翻造成5人死亡、6人受伤,直接经济损失243.6万元。事故发生后,吉林省人民政府对该起事故提级调查。后作出《事故调查报告》,认定事故性质是较大生产经营性道路交通责任事故。事故直接原因是,驾驶员才某驾驶轮胎磨损程度不符合国家技术标准的车辆,在雨后路面湿滑的情况下,未按规定降低行驶速度,遇路面积水采取措施不当,未确保行车安全。间接原因是,企业安全生产主体责任不落实,监管单位和部门履行职责不到位。《事故调查报告》对事故有关责任人员和单位的处理建议中载明:周延斌对吉隆客运公司及舒兰分公司日常安全管理、隐患排查治理和安全培训不到位问题失察,对事故发生负有领导责任,建议根据《安全生产法》第92条规定处上一年年收入40%的罚款。

2015年12月3日,吉林安监局对周延斌作出行政处罚告知书及听证告知书,告知拟对周延斌作出罚款22 862元的行政处罚。经过听证程序后,2016年2月,吉林安监局对周延斌作出处罚决定,对其作出罚款人民币22 862元的行政处罚。周延斌不服,于2016年4月7日向安监总局申请复议。安监总局经审查后,认为原行政行为事实清楚,证据确凿,适用法律正确,程序正当,于2016年6月12日作出复议决定,维持了吉林安监局作出的处罚决定。周延斌不服,在法定期限内向法院提起行政诉讼。

该事故中,2015年12月,驾驶人才某因犯交通肇事罪被人民法院判处有期徒刑6年5个月。2016年2月,吉隆客运公司被吉林安监局处以70万元罚款的行政处罚。

裁判意见

根据《生产安全事故报告和调查处理条例》第2条、第3条规定，生产经营活动中造成3人以上10人以下死亡，属于较大事故。《安全生产法》第92条规定，生产经营单位的主要负责人未履行本法规定的安全生产管理职责，导致发生较大生产安全事故的，由安全生产监督管理部门处上一年年收入40%的罚款。本案中，吉隆客运公司以营利为目的从事汽车客运活动，其属于从事生产经营活动的单位。发生交通事故的大型普通客车属于吉隆客运公司下属舒兰分公司所有，事故是在生产经营运输过程中发生的。该起事故造成5人死亡、6人受伤，直接经济损失243.6万元，系一起较大生产经营性道路交通责任事故。由于《道路交通安全法》未对事故单位及事故单位主要负责人的行政处罚作出明确规定。因此，对生产经营性道路交通责任事故的事故调查及对事故单位、事故单位负责人的行政处罚应当适用《安全生产法》及《生产安全事故报告和调查处理条例》的规定。

结合本案鉴定意见书等合法有效的证据可以认定，该起事故的主要原因系事故车辆轮胎过度磨损，不符合国家技术标准未及时更换，且在雨后路面湿滑的情况下，驾驶员未按规定降低行驶速度、未确保行车安全。吉隆客运公司作为企业安全生产主体，未尽到提供符合国家技术标准没有安全隐患的车辆从事营运工作的职责，监管单位履行职责不到位。周延斌作为吉隆客运公司负责人，对因企业管理未尽职责发生的安全生产事故负有领导责任。故本起较大交通事故属于生产安全事故，吉林安监局根据《事故调查报告》等证据认定周延斌对该起事故负有领导责任，并无不当。吉隆客运公司作为从事交通运输经营的企业，其所属车辆在生产经营运输过程中发生事故，其交通事故责任与企业应承担的生产安全事故责任之间不具有排斥性，追究车辆驾驶人的刑事责任、公司的赔偿责任与追究事故单位主要负责人的行政责任并不冲突。综上，吉林安监局根据查明的事实作出处罚决定符合法律规定。

案例评析

此案属于交通领域的安全生产事故，案件情况涉及《道理交通安全法》与《安全生产法》的竞合与适用问题。具体来说，《道路交通安全法》有特殊规定的，适用其规定；没有规定的，应适用《安全生产法》的规定。据此，案件虽然属于交通事故，安全监督管理部门亦有权追究经营单位以及相关负责人员的责任。在现实中，经济处罚对于提高经营管理者的警觉性，促进安全生产有着重要的作用。

延伸阅读

1. 关怀主编:《劳动法》,中国人民大学出版社 2008 年第 3 版,第十二章。
2. 成文斌、骆振中主编:《中华人民共和国安全生产法律法规解读、事故防范处理及典型案例分析》,中国民主法制出版社 2013 年版。
3. 王全兴:《劳动法》,法律出版社 2012 年第 3 版,第十三章。

8.2　劳动灾害补偿制度

知识要点

8.2.1　劳动灾害

★ 劳动灾害

劳动灾害也称职业伤害,是指职业危害因素对于劳动者人身造成的有害后果,它既可能表现为急性伤害,即劳动者伤亡事故,也可能表现为慢性伤害,即劳动者患职业病或身体早衰。所谓职业危害因素,是指劳动过程中的劳动对象、劳动工具、劳动环境等固有的物理、化学或生物性能所含的危险性或为危害性。随着社会的发展,人们越来越广泛地认识到各种物质的危险性,同时随着科学技术的进步,防护手段也越来越有效,因而劳动灾害既具有客观现实性,又具有可预防性。

★ 工伤

工伤指在工作中受到的事故伤害。具体来说,认定工伤三要素为工作时间、工作场所和工作原因。其中,最核心的是工作原因,也就是事故与工作之间的因果关系,这是能否认定为工伤的关键。为了保护劳动者的健康权,法律还对上述三个要素进行了适当的扩展:对于工作时间扩展到在工作开始前的预备性工作,以及工作结束后的收尾性工作中,这时劳动者受到的事故伤害属于工伤;劳动者因工作外出期间,受到伤害或者发生事故下落不明的,属于工伤。对于工作原因,扩展到在工作中因履行工作职责受到暴力等意外伤害的情况。对于工作地点,扩展到上下班途中,但是限定在非本人主要责任的各类交通事故。

司法实践中,同样有对工伤认定进行扩张解释的倾向。有判例显示在工作时间、工作地点不很明确时,法院就着重审查工作原因。例如,某网吧员工曾某住在单位经营地楼上，夜间为了守护单位财产而被入室抢劫者杀害，劳动者在非工作时间、工作地点，为了维护单位利益而遭到伤害，法院认为应认定为工伤。[1] 这反映了司法实践中为维护劳动者权益，在认定工伤中着重强调审查是否是工作原因带来的伤害。

★ 视同工伤的情形

还有一些比较特殊的情况，《工伤保险条例》也将其纳入保障范围，即“视同工伤”的情况：

(1) **对劳动者突发疾病的工伤认定，即在没有发生事故的情况下，劳动者在工作中突发疾病死亡，**或在48小时之内经抢救无效死亡的情况。

(2) **出于对社会公共利益的维护，规定在抢险救灾等维护国家利益、公共利益活动中受到伤害的，视同工伤。**视同工伤的劳动者，享受工伤方面的各项保障。

★ 职业病

职业病与工伤不同，不是来源于工作中的事故，而是来源于与工作中有毒、有害因素的接触，这些因素通常长期、缓慢地对劳动者的身体健康产生影响，最终使劳动者患病。职业病有害因素主要指粉尘、放射性物质等，没有涉及工作强度、工作压力等精神方面的影响。

对于职业病，首先应该是预防，而不是补偿。《职业病防治法》对用人单位的预防职业病的职责和行为不当法律责任进行了详尽规定。然而，目前，职业病仍存在于各地各行业中。一旦劳动者被鉴定为职业病，将面临沉重的治疗负担，并且影响未来的工作和生活。基于此，《职业病防治法》《工伤保险条例》设置了一系列制度保障，预防职业病并保障职业病劳动者的各项权益。

★ 职业病防治法

我国自2001年《职业病防治法》颁布以来，在职业病防治方面有了很大改善，职业病危害初步得到了控制，劳动者的健康权益得到了保护。然而，在实施过程中也发现一些需要完善的地方，于2011年、2016年两次对其进行修改，目前实施的《职业病防治法》从2016年9月1日起开始实施。

在预防职业病方面，用人单位要尽到各种预防义务，减轻职业病对劳动者的伤害。

---

〔1〕 文忠、曾龙秀与龙岩市人力资源和社会保障局行政工伤认定行政争议判决书，龙岩市中级人民法院[(2014)岩行终字第57号]，裁判日期为2014年9月10日。

(1)用人单位必须在醒目的位置告知劳动者职业病预防的基本情况,包括职场可能涉及的职业病因素、为防止这些危害因素所采取的各种保障制度和措施,以及工作场所职业病危害因素检测结果,从而保障劳动者的知情权。

(2)用人单位在生产方面,应考虑劳动者的健康因素,优先考虑有利于减缓职业有害因素的新的工艺、设备和材料。

(3)用人单位必须严格遵守各项安全生产法律,不能生产、使用国家明令禁止的有职业病危害的设备或者材料。

在劳动关系管理过程中,用人单位要通过各种形式与劳动者进行沟通,保障劳动者的知情权。第一,在劳动合同签订时,用人单位应尽到告知义务并在劳动合同中写明这些事项,包括工作过程中可能产生的职业病危害及其后果、所采取的防护措施及预期待遇等。第二,在劳动合同变更时,无论是岗位变更还是生产工艺、生产材料导致的工作内容变更,用人单位都要及时将新环境中是否有潜在的职业病危害以及采取了哪些措施如实告知劳动者。否则,劳动者有权拒绝此种变更,用人单位不得因此解雇劳动者。第三,在工资待遇方面,对于涉及职业病危害作业的劳动者,用人单位在提供完善保护的同时,应在工资中适当增加岗位津贴作为补偿。

★ 职业病的诊断与鉴定

职业病的诊断,由专门承担职业病诊断的医疗卫生机构进行。本着对劳动者便利的原则,劳动者可以选择在用人单位所在地或者户籍地、经常居住地的职业病诊断机构进行诊断。职业病的诊断和普通疾病的诊断不同,需要考虑导致疾病的原因,即职业病诊断机构需要在综合临床表现的同时,了解病人的工作时间、接触职业病危害的时间和工作场所的职业病危害因素等情况。也就是需要有职业危害因素与疾病方面的因果关系的证明。由于职业危害因素具有隐蔽性,职业病也往往具有较长的潜伏期,在鉴定中存在很大的困难。很多职业病患者无法得到有效救治的原因就是在工作过程中是否存在危害因素的证明上缺少证据。

在职业病诊断、鉴定过程中,如果劳动者和用人单位在劳动关系、工种、工作岗位、工作时间以及职业病危害接触史等事项上有争议,可以提起仲裁,或通过司法程序予以确认。用人单位已经不存在或者无法确认劳动关系的职业病病人,可以向当地政府民政部门申请相应的救助。

8.2.2 劳动灾害补偿情况

★ 因工致残待遇

职工受到职业灾害后,有可能产生不能治愈的身体健康损害,即残疾。身体残疾不仅带来治疗时身体上和精神上的痛苦，经济上的压力，更对劳动者未来的工作和生活产生影响。鉴于此，《工伤保险条例》规定了对于因工致残劳动者给予**经济和未来工作上**的各种保障：

（1）**在劳动关系方面，用人单位的解雇权受到限制，不能以工作能力不足、客观经济情况发生变化这样的原因单方解除因工致残劳动者的劳动合同。**因工致残根据残疾程度不同分为一至十级，其中一级为最严重。对于一级至四级伤残的劳动者，由于劳动者劳动能力严重受损，只能退出工作岗位，但是和用人单位保留名义上的劳动关系，领取伤残津贴直至办理退休手续。对于五级、六级伤残的劳动者，可以由用人单位酌情安排工作，没有合适的工作时也可以退出工作岗位。对于七级至十级伤残的劳动者，双方可以因劳动合同到期或者劳动者辞职等情况而结束劳动关系。

（2）**在经济保障方面，因劳动能力丧失程度不同劳动者可以享受不同等级的各项补贴。**涉及一次性伤残补助金、伤残津贴等各项。从一级到十级伤残，一次性伤残补助金补偿标准分别为27个月、25个月、23个月、21个月、18个月、16个月、13个月、11个月、9个月、7个月的本人工资。对于五级至十级伤残的劳动者，如果劳动者本人在后期的工作中提出辞职，还可以获得不同标准的一次性工伤医疗补助金和一次性伤残就业补助金。

★ 工亡待遇

劳动者在工伤事故中死亡，属于最严重的工伤事故。我国《工伤保险条例》在2010年修改时大幅提高了一次性工亡补助金标准，即由原来规定的“48个月至60个月的统筹地区上年度职工月平均工资”，改为“上一年度全国城镇居民人均可支配收入的20倍”。不仅提高了支付金额，而且通过全国统一的标准弥合了地区差异。此外，工亡的劳动者近亲属还可以领取丧葬补助金、供养亲属抚恤金。如果用人单位依法缴纳了工伤保险，则由工伤保险基金支付；如果用人单位没有缴纳工伤保险，则由该单位按照此标准承担。

法律与规范链接

▲ **必读法条**

《工伤保险条例》第30～45条

《职业病防治法》第1～8条，第20～40条，第46～48条，第56～61条

△ **延伸法条**

《职业病防治法》第 49～84 条

典型案例

李建荣与某劳动和社会保障行政管理机构行政争议

李建荣为广东莲发木箱店开料组员工，上诉人李建龙为李建荣的哥哥。2015 年 1 月 16 日 11 时 30 分许，李建荣在木箱店车间锯木头时，由于木料头反弹飞出砸中其腹部致内脏出血，经抢救无效死亡。2015 年 1 月 20 日，李建龙就弟弟李建荣的死亡向江海区社会事务局提起工伤认定申请。

江海区社会事务局受理后认定：首先，2015 年 1 月 14 日至 16 日由于没有原木原材料，李建荣的班组处于休息状态，2015 年 1 月 16 日上午李建荣回莲发木箱店结算工资，事发时不是工作时间；其次，上班开工需两三人共同操作，而李建荣的搭档在事发时都没过来帮他，任由他自己锯木墩；最后，李建荣所锯的木墩与开料要锯的长形木、板材没有相同之处，不属于工作所需的木材料。据此认为，李建荣的事故不是在工作时间，不是因为工作受到事故伤害，不符合认定工伤和视同工伤的情形。

裁判意见（二审）

本案中，用人单位莲发木箱店采用的是弹性工作时间，有木料时开工，没木料时休息，工资为计件工资，既没有建立正规的用工制度，也未建立上下班考勤制度。而在 2015 年 1 月 16 日案发当时，也有其他工作组在莲发木箱店内开工。一审中与李建荣同组的员工王某、罗某出庭作证，证明组长李建荣打电话要求他们回来开工。莲发木箱店主张当日放假，李建荣是回来领取工资的，应对此承担举证责任。案发当日莲发木箱店并未给李建荣结算工资，木箱店也未提供证明李建荣所在工作组当日放假的证据，故其应承担举证不能的责任。另，莲发木箱店关于木料的来源也并无其他直接证据予以证明。综合各项证据，应当认定李建荣系在工作时间、工作场所内发生事故死亡。判决撤销江海区事务局作出的不予认定工伤决定书，责令该事务局在判决书生效之日起 30 日内重新作出行政处理决定。

案例评析

此案例在具体工作时间和工作原因的认定上有争议，最终法院通过详细的事实审查认定了劳动者属于在工作时间受伤。案件中还有用人单位提及的争议点就是劳动者自己有过失，实际上，劳动者在工作中的轻微过失并不影响工伤认定，除非是有酗酒吸毒、自残自杀等情形才排除工伤。因为劳动者的伤害源头为工业生产本身的风险，虽然其自身也有注意义务，但这种风险所产生的后果远非劳动者个人及其家庭所能承担，这也是建立工伤保险制度的初衷。所以，对工伤事故认定的扩大化趋势本身也是司法实践解决社会问题功能的体现。

延伸阅读

1. 张永伟：《职业病防治行政执法办案指南》，中国法制出版社 2012 年版。
2. 林锐君：《工伤认定不必同时满足工作原因、工作场所、工作时间三个条件》，载《人民司法》2010 年第 12 期。

第9章　集体劳动法

教学目标

了解和识记集体劳动法的基本概念；
理解集体劳动法的制度体系和基本原理；
理解集体合同的概念、类型和效力；
了解集体合同的订立和内容；
掌握集体劳动争议处理的规则和方法；
了解企业民主管理的方式和效力；
理解用人单位规章制定及效力。

推荐参考资料

1. 王全兴:《劳动法》,法律出版社2017年第4版,第八章至第十章。
2. 关怀、林嘉主编:《劳动与社会保障法学》,法律出版社2011年版,第五章、第八章。
3. 常凯:《劳权论》,中国劳动社会保障出版社2004年版,第七章至第十一章。
4. [德]雷蒙德·瓦尔特曼:《德国劳动法》,沈建峰译,法律出版社2014年版,第四编。

9.1　概　　述

知识要点

9.1.1　集体劳动法的制度体系

★ 集体劳动法的概念

集体劳动法是劳动法的重要组成部分,国内学界几乎没有关于集体劳动法的概念界定。本书认为，**集体劳动法是涉及集体劳动权利保障、实现和救济的规范总和。**

★ 集体劳动法的制度结构

一般认为集体劳动权利包含团结权、集体谈判权、集体行动权和集体参与权，因此集体劳动法也包括工会和雇主联合会制度、集体合同制度、集体争议处理制度和民主管理制度。

9.1.2　工会和雇主联合会

★ 团结权

集体劳动法以劳动者以及雇主的结社，即工会以及雇主联合会为运行前提。工会和雇主联合会被统称劳动结社或者劳动同盟，其存在和运行以法律上的团结权为依据。团结权是指劳动者和雇主为维护和改善劳动条件而结成持续存在的团体并使其运作的权利。团结权具有个体团结权和集体团结权两重内涵。它首先是劳动者和雇主享有的个体权利，即组织和参加劳动结社并保持其运行的权利；其次是劳动结社本身所享有的权利，维持自身存在并保持运行的权利。我国《宪法》第35条规定了结社权，《工会法》进一步明确了组织、参加工会以及工会活动的保障等问题，是我国劳动法中团结权的基本依据。

★ 工会

工会是劳动者以改善和促进劳动条件和经济条件为目的自愿结合而成的团体。在我国，一般认为工会是由用人单位中以工资为主要来源的劳动者自愿组织和参加的工人阶级的群众组织。工会的基本职责是维护职工合法权益，但《工会法》同时强调，工会应维护全国人民的总体利益。在此之外，我国工会还承担组织职能和教育职能。

我国工会体系由中华全国总工会、地方总工会、产业工会和基层工会共同组成。其中全国总工会和县级以上地方总工会按照行政区划设立；产业工会由同一个行业或者几个性质相近行业的职工根据需要设立，可以设在首都，也可以设在地方。基层工会由会员超过25人的用人单位的劳动者设立，用人单位劳动者不足25人的，可以单独或者与其他单位的会员联合建立基层工会委员会。另外，根据2001年修订后的《工会法》，在企业职工较多的乡镇、街道，可以建立基层工会联合会。

在我国，中华全国总工会、地方总工会、各产业工会都直接根据《工会法》获得社会团体法人资格。基层工会具备《民法总则》以及《民法通则》规定的法人条件的,依据上述法律经登记取得社会团体法人资格。

★ 用人单位联合会

用人单位一方的劳动结社是雇主协会或者雇主联合会。在我国,用人单位一方的联合会是指各级企业联合会、企业家协会以及工商联。在全国层面是指中国企业联合会、中国企业家协会以及全国工商联。他们都属于国家协调劳动关系三方会议的成员。

9.2　集体合同制度

9.2.1　集体合同制度概述

★ 集体合同的概念

集体合同又称团体协议、劳资协议,是指工会(劳动者代表或劳动者一方)**代表职工与用人单位或者用人单位联合会**(用人单位一方)**为调整劳动者和用人单位之间的劳动关系及其相关事项通过集体协商订立的协议。**其要点主要包括如下方面:

(1)集体合同由**工会**与**用人单位**或**用人单位联合会**签订。在劳动者一方,我国立法采取了代表签订说,即工会仅仅是代表劳动者签订集体合同,据此它本身并不是集体合同当事人,不受集体合同约束;但理论上,一般认为集体合同对工会具有债权约束力。在用人单位一方,能够签订集体合同的可以是单个用人单位,也可以是用人单位的利益代表组织。

(2)集体合同**主要调整的是劳动关系,也即劳动者和用人单位之间在依附性劳动过程中产生的权利和义务;但也涉及与劳动关系调整相关的事项,**如集体合同签订的规则、争议解决的规则等。

(3)**集体合同通过集体协商以当事人合意的方式建立,在法律没有特别规定的情况下,其订立适用法律行为的一般规则。**

★ 集体合同的类型

根据集体合同调整的内容不同,可以将其分为专项集体合同和综合性集体合同。专项集体合同,是指劳动者一方与用人单位一方就劳动关系中的某项内容,如工资、工时等签订的集体合同。综合性集体合同是指劳动者一方与用人单位一方就劳动关系中的各方面事项签订的集体合同。根据集体合同签订的主体不同,可以将其区分为企业集体合同、区域性集体合同、行业性集体合同。企业集体合同是由企业工会代表职工和单个企业签订的集体合同;区域性集体合同是指由县级以下区域内的工会联合会和用人单位一方签订的集体合同;行业性集体合同是指在县级以下区域内的行业工会与企业方面代表签订的集体合同。从我国集体合同的实践来看,集体合同的主要类型是企业集体合同。

★ 集体合同的功能和地位

集体合同具有如下方面的功能:

(1)**市场配置劳动力资源的功能。**集体合同由劳动者一方的利益代表与雇主一方根据市场情况以合意的形式订立,并可以根据市场变化而及时调整,具有通过市场配置劳动力资源的功能。

(2)**保护功能。集体合同的首要功能是保护功能,也即法律规定劳动合同约定的劳动条件不得低于集体合同,以此实现对劳动者的保护。**

(3)**秩序功能。**集体合同**可以设置本产业以及本企业内的生产秩序,**具有秩序功能。集体合同是劳动法中的重要机制,在一些市场经济国家,集体合同在劳动关系协调中居于核心地位。近年来,随着经济全球化、工会密度的下降,一些国家集体合同的功能有所下降。然而,由于制造业的进一步发展,未来我国集体合同的地位会进一步提高。

9.2.2 集体合同的订立、内容和效力

★ 集体合同的订立

集体合同签订采取集体协商方式,而集体协商主要采取协商会议形式,集体合同最终应采取书面形式。具体而言,集体合同签订程序如下:

(1)确定劳动者代表。企业有工会时,工会代表劳动者并指派具体人员完成协商;在企业未成立工会时,由上级工会指导劳动者民主推荐确定劳动者代表,上述代表应经本单位半数以上职工同意。

(2)开展集体协商。集体协商过程通过一方向另一方发出书面协商要求而启动,另一方应在20日内回应,无理由不得拒绝协商。协商会议由双方首席代表轮流主持。

(3)职代会通过。经双方协商一致的集体合同草案应经职代会或职工大会讨论,职代会或者职工大会应当有2/3以上职工代表或职工出席,并以全体职工代表或者全体职工半数以上同意通过。通过后,由双方首席代表签字。

(4)报送劳动行政主管部门。首席代表签字后10日内,用人单位一方应将签

字后的集体合同文本报送劳动保障行政部门审查并办理登记手续。劳动行政部门自收到15日内未提出异议的,集体合同生效。

★ **集体合同的内容**

集体合同可以规定的内容在根本上涉及劳资自治的范围,也涉及对劳动结社自由保障的范围。一般认为,所有和劳动关系协调有关的事项,但同时只有和劳动关系协调有关的事项才可以纳入集体合同内容范围。《集体合同规定》第8条示例性地列举了集体合同内容,总体可以分为如下类型事项:

(1)涉及劳动关系内容的事项,如劳动报酬、工作时间、休息休假等。

(2)涉及集体合同期限、变更、解除和履行争议处理的事项。

(3)违反集体合同的法律责任。

(4)其他和劳动关系协调有关的事项。

集体合同的内容不得违反法律、行政法规的规定,不得与国家规定相抵触,集体合同规定的劳动报酬和劳动条件等不得低于当地人民政府规定的最低标准。

★ **集体合同的效力**

集体合同的效力,也即集体合同的约束力,主要涉及两个维度:约束的人的范围和约束力的体现形式。就此问题,立法和理论存在两种不同意见:传统意见认为,工会代表劳动者签订集体合同,工会只是代表,集体合同的当事人是劳动者集体,因此集体合同仅约束劳动者和用人单位,对其具有合同效力。目前主流的观点认为,集体合同的效力应区分为债权效力和规范效力。集体合同对签订者——工会和用人单位(用人单位联合会),具有债权约束力。二者应承担和平义务和实施义务,也即在集体合同有效期内,不得从事劳动斗争行为,有义务避免妨碍集体合同实现并积极采取措施保障成员实际履行集体合同。违反该义务应承担违约损害赔偿责任。集体合同对单个劳动者和用人单位具有规范效力,也即集体合同中涉及劳动关系的内容相当于法律规范,对劳动关系双方具有直接效力和强制效力;直接效力即集体合同对当事人直接生效,无须当事人通过合意等将其转化为劳动关系内容;强制效力是指劳动合同约定的劳动报酬和劳动条件等不得低于集体合同,否则适用集体合同的规定。

9.2.3 集体合同的履行、变更、解除和终止

★ **集体合同的履行**

集体合同有效签订后,对工会、用人单位联合会、劳动者、用人单位均具有法律

约束力。各方均应按照诚信原则全面履行集体合同中的义务。同时,县级以上劳动行政主管部门可以对集体合同履行进行监督检查。

★ 集体合同的变更和解除

集体合同的变更和解除分为协商一致变更解除、约定单方变更解除、法定单方变更和解除三种情况。

(1)经工会和用人单位(或用人单位联合会)协商一致可以变更或解除集体合同。

(2)集体合同可以约定单方变更和解除集体合同的条件,当条件具备时,当事人可以单方变更或解除集体合同。

(3)工会和用人单位(或用人单位联合会)在下列情况下,可以单方解除全部或部分集体合同条款或单方提出变更解除集体合同:①因用人单位被兼并、解散、破产等原因,致使集体合同无法履行的;②因不可抗力等原因致使集体合同无法履行或部分无法履行的;③法律、法规、规章规定的其他情形。

★ 集体合同的终止

集体合同终止是指发生了法定或约定的事由,集体合同面向未来丧失其约束力的情况。我国现行法仅规定了集体合同因期限届满而终止的情况。但从逻辑上看,签订集体合同的用人单位终止也应当是集体合同终止的事由。

9.2.4 集体劳动争议处理

★ 集体劳动争议的概念和范畴

在我国现行法中,集体劳动争议被界定为**"劳动者一方在十人以上并有共同请求的争议案件,或者因履行集体合同发生的劳动争议案件"**。这一概念涵盖了两个范畴:其一,**个别劳动关系争议的累加**;其二,**履行集体合同的争议**。其基本特点是该类争议涉及劳动者人数较多。

涉及集体合同的争议有两种类型:

(1)**履行集体合同的争议**。这种争议以有效缔结的集体合同为前提,当事人争议的内容是集体合同条款的解释、履行等问题。

(2)**签订和变更集体合同的争议**。这种争议以重新形成规则,分配当事人之间的利益为基本内容。从严格意义上讲,它属于利益争议的范畴。我国《劳动法》第84条也明确区分了上述争议类型。

★ **履行集体合同争议的处理**

履行集体合同的争议以有效集体合同为前提,是当事人对集体合同条款的解释、履行发生分歧。以上属于实现权利的争议,也即属于权利争议的范围,因此可以通过协商、调解、仲裁和诉讼程序解决。对此,《劳动法》第 84 条第 2 款规定了协商、仲裁和诉讼的争议解决途径。《劳动人事争议仲裁办案规则》也将其纳入调解仲裁可解决的争议范畴中。唯一比较特别的是,因履行集体合同发生争议,劳动者一方何人可以提起仲裁、诉讼。对此,《劳动法》只是规定当事人可以提起仲裁和诉讼,但谁是集体合同当事人?《工会法》和《劳动合同法》则进一步提出,工会可以提起仲裁和诉讼,确认了工会的诉讼主体资格。但工会此时在主张谁的权利?本书认为,这在根本上涉及对我国集体合同约束力的认识。如认为集体合同对工会具有债权性约束力,则工会主张的应当是自身的权益。否则工会只是通过诉讼担当,主张劳动者的权利。那么,在《工会法》《劳动合同法》的上述规则出现后,劳动者还能提起仲裁和诉讼吗?本书认为,按照我国法律的规定,劳动者和用人单位受到集体合同约束,劳动者是实体权利的享有者,自然应享有程序性权利。上述《工会法》《劳动合同法》的规定只是明确了工会的地位,而不是排除了劳动者的程序权利。

★ **签订集体合同的处理**

签订集体合同的争议属于利益争议的范围。由于利益争议的目的在于形成利益分配规则,对这种利益分配尚没有规则,因此利益争议本身原则上不可依法裁判。在此背景下,《劳动法》规定,发生签订集体合同的争议由劳动行政主管部门组织各方协调。此处的"各方"主要指的是工会和用人单位的利益代表组织。签订集体合同争议的协调可以因当事人申请而启动,也可以经当事人同意后由劳动行政主管部门主动启动。

9.3　企业民主管理制度

9.3.1　企业民主管理制度概述

★ **企业民主管理的概念与历史发展**

企业民主管理(又称职工民主管理、劳动者参与管理),是指劳动者参与企业管理事务的制度总称。不同国家,不同所有制的结构下,甚至同一国家的不同时期,企业民主管理的内涵和具体制度并不相同,但劳动者参与管理却是很多国家和地区

的劳动法律中都会以各种形式出现的法律制度。在我国，企业民主管理历史悠久。1922 年 8 月中国劳动组合书记部制定的《劳动立法原则》已提出工会或职工代表参加政府经济机关、企事业单位管理的权利。1949 年 9 月的《中国人民政治协商会议共同纲领》第 32 条提出了在国营企业中实施民主管理，在私营企业中订立集体合同的原则。中华人民共和国成立后，《全民所有制工业企业法》《全民所有制工业企业职工代表大会条例》等进一步规定了企业民主管理制度，2012 年相关五部门发布了《企业民主管理规定》。但总体上，企业民主管理制度法治化程度低，理论和制度均不够完善。

★ 企业民主管理的正当性基础

我国传统理论主要是从所有权论证参与管理权，也即从生产资料的公有制出发，认为劳动者是生产资料的主人因此享有参与管理的权限。一方面，这种论证思路并不符合市场经济国家企业民主管理的实际，因为在生产资料私有制的国家，劳动者参与管理也是常见的现象；另一方面，这种论证思路也无法为多元生产资料所有制条件下劳动者参与管理提供正当性基础。从目前来看，论证企业民主管理的正当性，主要存在民主理论、人力资本理论、企业社会责任理论、所有权负有社会义务（企业的社会责任）的理论、现代企业管理与制度的需要等不同理论。本书认为，企业民主管理主要建立在所有权负有社会义务理论以及人力资本理论基础上。这两种理论分别论证了劳动者参与管理的两种不同的可能性——限制与分享：根据所有权负有社会义务理论，劳动者参与管理的目的是要限制建立在所有权基础上的雇主经营自由；而根据人力资本理论，劳动者作为企业资本的投入者，其自然要与金融资本的投入者分享企业的管理权限，目前我国的职工董监事制度更多建立在人力资本理论的基础上。

★ 企业民主管理的功能

企业民主管理主要有三方面的功能：

（1）保护劳动者利益的功能。通过民主管理，一方面，在程序上实现了涉及劳动者利益的决策过程和结果的公开和透明，防止单方恣意决定，能够保护劳动者利益；另一方面，劳动者的利益和诉求在企业组织产生的过程中得以表达和顾及，被纳入决策考量因素中，可以在实体上维护劳动者利益。

（2）形成生产秩序的功能。通过民主管理形成用人单位规章等体现各方利益和意志的规则，有利于组织生产，形成生产秩序。

（3）平衡劳动者利益的功能。在组织生产过程中，劳动者之间的利益诉求也可能发生冲突或不一致。通过企业民主管理中的表决、沟通等机制可以协调劳动者之间冲突的利益,实现劳动者之间利益的平衡。

9.3.2 企业民主管理的方式

★ 企业民主管理的主要方式

根据我国现行法的规定,企业民主管理主要形式有三种:**职工代表大会**(职工大会或职代会)**制度**、**厂务公开制度**以及**公司制企业中的职工董监事制度**,此外实践中还存在**劳资恳谈会**、**经理信箱**等其他民主管理形式。职代会制度是指由职工民主选举产生的职工代表组成职工代表大会,代表全体职工行使民主管理权利的制度。厂务公开制度是指企业将涉及职工切身利益的规章制度、生产经营管理的重大事项等向职工公开,听取职工意见,接受职工监督的制度。职工董事监事制度是指在公司制企业中,按照公司法的规定由职代会依法选举产生的代表在董事会或者监事会中行使董事或者监事权利的制度。

★ 职代会制度

在所有民主管理形式中,职代会是企业民主管理的基本形式,公有制企业,尤其是国有企业应建立职代会制度。就特定企业而言,是召开职工代表大会还是职工大会具体由企业根据职工人数决定。企业召开职代会时,职工代表人数应不少于全体职工人数的5%,并不得少于30人。职工代表人数超过100人时,由工会和企业协商确定职工代表人数。职工代表应涵盖企业不同劳动者群体,尤其是女职工和派遣工。职代会每届任期3~5年。

《企业民主管理规定》规定了职代会如下四方面的权利:

(1)知情、审议、建议权利。职代会有权就企业发展、经营、用工管理、劳动合同和集体合同实施等情况,听取报告并提出建议和意见。

(2)审议通过权。职代会有权审议通过集体合同草案、职工福利基金使用方案、住房公积金和社会保险费缴纳比例和时间的调整方案、劳模推荐人选等重大事项。

(3)选举罢免权。职代会有权选举或罢免职工董事、职工监事、进入破产程序企业的债权人会议和债权人委员会中的职工代表等。

(4)审查监督权。职代会有权审查监督企业执行劳动法律法规和劳动规章制度情况,民主评议企业管理人员,并提出奖惩建议。

另外,现行法中尚有一些涉及国有企业职代会职权的特别规定,据此国有企业职代会在企业经营管理方面享有更多决策性的参与管理权限。

9.3.3　用人单位规章制度

★ **用人单位规章的概念和功能定位**

用人单位规章是指用人单位为组织劳动过程和进行劳动管理而就有关劳动报酬、工作时间、休息休假、劳动安全卫生、保险福利、职工培训、劳动纪律以及劳动定额管理等直接涉及劳动者切身利益的事项，经民主程序制定的，仅在本单位内部实施的生产组织规则。用人单位规章是用人单位组织生产的工具，是劳动者实现民主管理的重要途径，也是实现企业自治的重要制度。在劳动法中，由于解除事由法定，而严重违反用人单位规章是法定的解除劳动关系的事由，用人单位规章在实践中越来越受到重视。

★ **有效用人单位规章的制定**

根据现行法的规定，有效用人单位规章的制定应满足三个条件：

（1）**不违反法律、行政法规及政策规定。**

（2）**经过民主程序。**根据《劳动合同法》第 4 条的规定，民主程序的环节包括：经职工代表大会或者全体职工讨论，提出方案和意见；与工会或者职工代表平等协商确定。

（3）已**向劳动者公示。**

实践中，一些地方的司法机关开始对用人单位规章从两个方面进行合理性审查：

（1）规章规定的事项属于与组织劳动过程和进行劳动管理相关的事项，不能无限扩大用人单位制定规章的权利。

（2）有关规章设置的规则本身内容具有合理性。

★ **用人单位规章的效力**

依法制定的用人单位规章对企业中的所有劳动者和用人单位都具有法律的约束力，可以成为劳动者和用人单位之间权利和义务的来源。在我国法中，有效规章与有效的集体合同、劳动合同规定不一致时，劳动者享有适用的选择权。但是在其他国家，用人单位规章与劳动合同和集体合同之间则存在复杂的相互关系。

★ **用人单位规章效力的正当性基础**

用人单位规章对企业中所有劳动者都具有约束力，不论该劳动者在规章制定时是否是用人单位的劳动者，也不论在规章制定的民主程序中该劳动者是否反对。用人单位规章约束力的正当性基础因此一直备受争议，形成了“法规说”“事实说”

"集体合意说""定型化契约说""根据二分说""法律效力否认说""劳动力支配转移说"等不同的学说。实际上,用人单位规章效力的正当性基础取决于各国不同的法律制度。由于各国存在不同的劳资共决观念、工厂协议制度、工会体制以及国家干预劳动关系的传统,因此,用人单位规章的制定存在工厂协议模式、劳动者有限参与模式、用人单位单独制定模式。与此相应,也存在三种不同的用人单位劳动规章效力控制模式,三种不同的用人单位规章效力根源说明模式。在我国劳动法律发展的过程中,集体自治色彩得到提升,但依然不足以保证用人单位规章的合理性,有必要引入公权力的合理性审查干预。目前我国用人单位规章的制定实际采纳了规范理论模式,但其应逐渐向通过工厂协议制定用人单位劳动规章的模式发展。

法律与规范链接

▲ 必读法条

《劳动法》第7~8条,第33~35条

《劳动合同法》第4条,第51~56条

《工会法》

《全民所有制工业企业职工代表大会条例》

《最高人民法院关于审理劳动争议案件适用法律若干问题的解释》第19条

《最高人民法院关于审理劳动争议案件适用法律若干问题的解释(二)》第16条

《集体合同规定》

《企业民主管理规定》

典型案例

张某系京某某公司职工,该单位召开职工代表大会,通过"不允许乘坐黑车,违者以开除论处"的决议,并向全体劳动者公示。一日,张某乘坐一私家车辆前往京某某公司宿舍区。后京某某公司向张某发出离职通知单,以张某乘坐非法运营车辆为由与张某解除劳动合同。张某向劳动争议仲裁委员会申请仲裁,主张解除劳动合同违法,要求支付违法解除劳动合同的经济赔偿。请问该案如何处理?

延伸阅读

1. 吴文芳:《德国集体合同法规性效力与债权性效力之研究》,载《法商研究》2012 年第 2 期。
2. 孙德强、沈建峰:《集体合同主体辨析》,载《政法论坛》2009 年第 3 期。
3. 张建国、林嘉:《集体合同立法的可行性研究》,载《中国劳动关系学院学报》2012 年第 2 期。
4. 沈建峰:《劳动争议中利益争议的范畴及处理》,载《法学》2015 年第 6 期。
5. 沈建峰:《论用人单位劳动规章的制定模式与效力控制》,载《比较法研究》2016 年第 1 期。
6. 朱军:《论我国劳动规章制度的法律性质》,载《清华法学》2017 年第 3 期。

第 10 章　劳动争议处理

教学目标

理解劳动争议的概念和类型；
理解劳动争议处理的原则；
掌握中国劳动争议处理的程序；
掌握中国劳动争议调解、仲裁与诉讼的制度内容。

推荐参考资料

1. 常凯主编:《劳动法》,高等教育出版社 2001 年版,第二十章。
2. 王全兴:《劳动法》,法律出版社 2017 年第 4 版,第十八章。
3. 林嘉:《劳动法的原理、体系与问题》,法律出版社 2016 年版,第七章。
4. [德]曼弗雷德·魏斯、马琳·施米特:《德国劳动法与劳资关系》,倪斐译,商务印书馆 2012 年第 4 版,第九章。

10.1　概　　述

知识要点

10.1.1　劳动争议

★ 劳动争议的概念

劳动争议,就其广义而言,包括围绕劳动关系而产生的所有争议,[1] 包括劳动者与雇主、雇主与国家、劳动者团体之间或内部、雇主或雇主团体与劳动者团体之

〔1〕 史尚宽:《劳动法原论》,台北,正大印书馆 1978 年重刊,第 241 页。

间所发生的争议。狭义的劳动争议是指单个的劳动者与雇主之间、雇主或雇主团体与劳动者团体之间因劳动条件事项所发生的争议，是劳资双方基于其利益对立，为实现其利益而相互影响对方的过程。[1]

★ 劳动争议的特征

(1)正常性。首先，劳资双方经济利益的差别和对立使劳动争议的发生具有必然性；其次，由于劳动关系长期性、连续性的特征，工资、工时等劳动条件经常会发生变更，在此过程中容易引发劳动争议；最后，劳动者在劳动关系中处于从属性地位，因此，在接受用人单位的指挥和命令、监督和检查过程中，对用人单位的管理支配有不同的立场或理解，加之双方信息不对称、沟通不畅等原因，使劳动争议的发生具有正常性。

(2)复杂性。首先，劳动关系的调整受经济技术、政治法律、社会文化等各方面因素的影响，导致劳动争议发生的原因复杂；其次，劳动争议的当事人可能是单个或多个劳动者，但也可能由个别争议发展成为集体争议，或由小规模争议发展成为跨行业、跨地区的大规模罢工、怠工、集体上访等事件，此种不确定性和流动性特征，也增加了经济发展和社会稳定的不确定因素；最后，劳动争议可能涉及工资、工时、保险福利、劳动保护以及劳动合同履行、变更和解除等多方面内容，争议标的的多样性也决定了劳动争议的复杂性。

(3)社会性。首先，劳动争议的发生通常植根于复杂的社会问题，如生活成本的不断上升等，劳动争议一定程度上是社会矛盾的反映；其次，劳动关系是近代产业社会最基本的关系，工资等劳动条件关系数以万计劳动者及其家庭的生活；最后，为平衡与资方的力量，劳动者通常会联合起来集体维护权利、争取利益，如果缺乏合理的争议预防和处理机制，劳动争议可能会发展成为严重的社会问题，威胁经济发展和社会稳定。

10.1.2　劳动争议处理

★ 劳动争议处理的原则

在处理争议过程中，《劳动争议调解仲裁法》规定了合法、公正、及时、着重调解四项原则。劳动关系长期性、连续性的特征，决定了在劳动争议的处理过程中，应当注重对劳动关系的修复，以保障争议解决之后劳动关系的继续维持。因

---

〔1〕［日］六本佳平：《法社会学》，有斐阁1992年版，第98页。

此，在争议处理过程中，应当着重调解，避免因对簿公堂而彻底破坏劳资信赖。同时，在争议处理过程中，应尽量通过劳资双方合意的方式来化解纠纷，注重调解劳资争议。

★ 劳动争议处理的程序

根据《劳动争议调解仲裁法》，个别劳动争议主要采取"**一调一裁两审**"的处理体制，对于部分标准明确的仲裁案件实行"**一裁终局**"。发生劳动争议，劳动者可以与用人单位通过**协商、调解、仲裁、诉讼等**程序解决争议。此外，对于因集体协商、集体合同的签订而发生的利益争议，可通过当事人协商、劳动行政部门协调处理等途径解决；因集体合同的履行而发生的权利争议，可通过当事人协商、仲裁、诉讼等途径解决。

法律与规范链接

▲ 必读法条

《劳动争议调解仲裁法》第 2 ~ 3 条

△ 延伸法条

《最高人民法院关于审理劳动争议案件适用法律若干问题的解释（三）》第 1 ~ 3 条，第 8 条

《劳动合同法》第 56 条

《工会法》第 20 条

延伸阅读

1. 史尚宽：《劳动法原论》，台北，正大印书馆 1978 年重刊，第四章。
2. 王振麒主编：《劳动人事争议处理》，复旦大学出版社 2011 年版，第一章。
3. ［德］沃尔夫冈 · 多伊普勒：《德国劳动法》，王倩译，上海人民出版社 2016 年第 11 版，第二十五章。

10.2　劳动争议调解

知识要点

10.2.1　概述

★ 劳动争议调解的特征

(1)**调解的本质是通过第三方的介入，促使劳资双方达成合意**。在调解的过程中，通过真正的、非强制性的对话，了解当事人的意愿，有利于恢复当事人之间的理解与信任，进而解决分歧，维持劳动关系的后续稳定。而且，引导当事人达成合意的过程，实质上也是向其宣传法律政策的过程，可以增强劳资双方对法律法规政策的理解，从而预防争议的再次发生。

(2)相对于仲裁、诉讼，**调解制度具有灵活、简便、及时的特点**，可以实现时间成本和经济成本的最小化。更为重要的是，调解可以降低争议双方的心理成本，在争议发生之前或刚刚发生的阶段，通过柔和的调解方式将矛盾解决在萌芽中，维系劳动关系的连续性。而且，通过调解处理争议还可以降低争议处理的社会成本，一方面，调解可以减轻仲裁机构和人民法院的压力，节约国家整体资源。另一方面，在集体争议中，调解可以预防和处理罢工、闭厂等产业行动的发生，保障市场经济的持续发展和社会的稳定。

(3)通过调解处理争议**符合中国"和为贵""中庸"等传统文化，比较容易为争议双方接受**。

较之于仲裁和诉讼，通过调解处理纠纷不仅成本低，而且可以促成劳资间的合意，对劳动关系进行修复，最大限度地维持劳动关系的连续性，是劳动关系系统持续运行的保障机制。为充分发挥调解在争议处理中的作用，不仅需要强化调解机构、简化调解程序，还需要提高调解员的能力技巧，即注意调解的方法、步骤等。

★ 劳动争议调解的原则

除上述劳动争议处理的基本原则外，根据先行市场经济国家和我国的实践，劳动争议调解中还应遵循以下原则：

(1)**自愿原则**。首先，劳动争议调解程序的开启需经争议双方当事人的申请或同意;[1]其次,调解的过程以及调解协议的达成也需依争议双方自愿,调解机构并无决定权,不能强行调解。

(2)**沟通原则**。调解的本质是通过第三方调解者的积极沟通促使争议双方达成合意,而非由调解机构作出判决或裁决。[2] 调解员应诚心诚意地面对当事人,积极在争议双方间进行沟通,为劳动者和管理层提供更多的协商机会,使双方都了解合作的利处和对抗的成本,进而达成谅解、实现争议双方的妥协;[3]此外,在调解员的交涉、协调下,争议双方应善意地进行充分的沟通和协商,进而消除分歧、达成合意,实现劳动关系的修复。

(3)**专业性原则**。劳动争议的复杂性决定了调解员应掌握劳动关系、劳动法律政策的专业知识,以及争议处理的技巧和经验。[4] 在调解过程中,调解员需要熟练地掌握和运用相关的法律规定,但并不意味着要以"专家"的姿态居高临下地讲法律规定、片面强调权利义务。调解员还需要凭借其争议处理经验、人际关系处理的技能,在争议事实和法律规定间进行双向考量,[5]以取得争议双方的信赖,促成争议双方的妥协与合意。

10.2.2 劳动争议调解的机构与程序

★ 劳动争议调解的机构

(1)由企业和员工代表组成的企业调解委员会是劳动争议处理的企业内部组织。

(2)村民或居民委员会等可以设立群众性的基层人民调解组织,以处理包括劳动争议在内的各项纠纷。

(3)乡镇、街道也可以设立劳动争议调解组织。根据《工会参与劳动争议处理试行办法》,工会可以在乡镇等设立区域性的劳动争议调解指导委员会,部分依托

---

〔1〕 如2002年《人民调解工作若干规定》(中华人民共和国司法部令第75号)第23条规定,当事人没有申请的,人民调解委员会也可以主动调解,但当事人表示异议的除外。

〔2〕 彭光华、余敏:《我国调解制度存在的问题及现行调解方法》,载《人力资源》2008年第11期。

〔3〕 刘诚:《不同模式劳动争议调解制度异同分析》,载《中国劳动》2006年第5期。

〔4〕 《劳动争议调解仲裁法》规定,劳动争议调解组织的调解员应具有一定法律知识、政策水平和文化水平(第11条),应当充分听取双方当事人对事实和理由的陈述,耐心疏导,帮助其达成协议(第13条)。2015年人力资源和社会保障部、中央综治办《关于加强专业性劳动争议调解工作的意见》(人社部发〔2015〕53号)提出,应加强专业性劳动争议调解的组织和制度建设,通过配备专职调解员、调解员持证上岗、加大调解员培训力度等途径,加强调解员队伍建设。

〔5〕 彭光华、余敏:《我国调解制度存在的问题及现行调解方法》,载《人力资源》2008年第11期。

于乡镇劳动服务站建立的调解组织也属于此类范畴。2009 年人力资源和社会保障部《关于加强劳动人事争议调解工作的意见》提出，在劳动争议多发的出租车、餐饮服务、建筑业等行业，建立行业性劳动争议调解组织。

除上述三类专门的调解机构外，在劳动争议仲裁程序中，仲裁庭在作出裁决前也可以对劳动争议进行调解，仲裁调解书具有与仲裁裁决书同等的法律效力。此外，根据《民事诉讼法》，在诉讼程序中，人民法院在开庭前和庭审判决前也可以对劳动争议进行调解，达成协议的，由人民法院制作调解书，若一方拒绝履行调解协议的，另一方当事人可向法院申请执行。

★ 劳动争议调解的程序

（1）**申请**。劳动争议调解的展开需经争议当事人口头或书面申请，特殊情况下，未经申请，调解委员会可主动进行调解。[1]

（2）**受理**。在接到申请后，调解委员会应当在 3 个工作日内作出是否受理的决定。

（3）**调解前准备**。在受理劳动争议、调解实施之前，调解机构应做好确定调解主持人、进一步审查申请书内容、通知申请人补全材料和证据、事实调查与分析、拟定调解方案、通知当事人调解时间和地点、告知权利和回避事项等准备工作。

（4）**调解**。调解员应耐心疏导，在收到申请之日起 15 日内帮助争议双方达成协议。

★ 调解协议的效力

在调解组织主持下达成的调解协议对当事双方具有合同约束力。若一方逾期不履行调解协议，另一方可依法申请仲裁。若用人单位逾期不履行仅就劳动报酬事项达成的调解协议，劳动者可以直接提起诉讼。此外，当案件进入司法程序时，调解协议也可以作为法院裁判的依据。

此外，司法确认和仲裁置换是强化调解协议法律效力的两种重要途径。首先，根据《人民调解法》，对于在人民调解委员会主持下达成的调解协议，当事双方可共同向人民法院申请司法确认，经确认有效后，若一方未全部履行或拒绝履行该调解协议，另一方可向法院申请强制执行；此外，根据《企业劳动争议协商调解规定》，若调解协议是在企业调解委员会的主持下达成的，则当事双方可共同向劳动争

〔1〕 2012 年《企业劳动争议协商调解规定》第 22 条规定，发生劳动争议，当事人没有提出调解申请，调解委员会可以在征得双方当事人同意后主动调解。

议仲裁委员会提起仲裁审查申请，若调解协议的程序、内容合法有效，由仲裁委员会出具调解协议书，即将原调解协议置换为可依法申请强制执行的仲裁调解协议。

法律与规范链接

▲ **必读法条**

《劳动争议调解仲裁法》第 10 条第 1 款，第 11 条，第 14 ~ 16 条

△ **延伸法条**

《企业劳动争议协商调解规定》第 15 ~ 17 条

延伸阅读

1. 王全兴、林欧：《劳动争议民间调解协议的效力及其加固》，载《上海师范大学学报》2012 年第 5 期。
2. 岳经纶、庄文嘉：《国家调解能力建设：中国劳动争议“大调解”体系的有效性与创新性》，载《管理世界》2014 年第 8 期。
3. 谢鹏鑫：《近年来国内劳动争议调解的研究综述与展望》，载《中国人力资源开发》2015 年第 1 期。

10.3　劳动争议仲裁

知识要点

10.3.1　概述

★ 劳动争议仲裁的概念

仲裁，又称“公断”，是指由公正的第三方对当事人间的争议作出评判。劳动争议仲裁是指由仲裁委员会对争议当事人因劳动权利、义务等问题产生的争议进行

评价、调解和裁决的争议处理制度。[1]

★ 劳动争议仲裁的特征

劳动仲裁不仅具有调解简便灵活的特点，还具有公平性、专业性、广泛性、权威性和法律强制执行等特点：

(1)在仲裁过程中，介入劳资双方争议处理的**必须是中立的第三方，与争议双方都没有利益纠葛，在一定程度上保障了仲裁结果的公平公正**。尤其是在劳动者处于从属性地位的状态下，公正的仲裁结果更是处理和预防争议的关键，也是劳动关系调整的保障。

(2)劳动关系及劳动争议的复杂性，决定了争议**仲裁机构及仲裁人员的广泛性、专业性和权威性**。《劳动争议调解仲裁法》规定，劳动争议仲裁委员会由劳、资、政三方代表组成，而且仲裁员应当具备律师执业满三年、曾任审判员等要求。这就在一定程度上，保证了仲裁的专业性和广泛性，而专业性和广泛性的结合，加之各行政部门间的合作，又决定了劳动仲裁的权威性。

(3)劳动仲裁的**裁决具有法律约束力，是一种准司法性质的争议处理方式。若一方不履行生效的仲裁裁决，对方当事人可向法院申请强制执行**。而且，裁决一经生效，非依法定程序，任何人不得随意变更。但较之于诉讼，仲裁的强制色彩又相对较弱，便于争议双方接受和自觉执行。

10.3.2　劳动争议仲裁的一般规定

★ 劳动争议仲裁委员会

劳动争议仲裁委员会[2]的设立需根据实际需要合理布局，不按行政区划层层设立。劳动争议仲裁委员会由劳、资、政三方面代表组成。劳动争议仲裁员分为专职仲裁员和兼职仲裁员，专职仲裁员数量不得少于三名，办案辅助人员不得少于一名。

★ 劳动争议仲裁案件的管辖

(1)地域管辖。劳动争议由用人单位所在地或劳动合同履行地的仲裁委员会管辖，当两地仲裁委员会均收到仲裁申请时，则由合同履行地的仲裁机构管辖。

---

〔1〕 彭光华：《劳动争议处理》，载《新人力 · 劳动关系》2009年12月刊。

〔2〕 随着2008年劳动和社会保障部与人事部的合并，2010年《劳动人事争议仲裁组织规则》第2条规定，设立专门处理劳动与人事争议的劳动人事争议仲裁委员会，此后，部分地区将劳动争议仲裁委员会与人事争议仲裁委员会合并组成了劳动人事争议仲裁委员会或劳动人事仲裁院。

(2)级别管辖。当前,相关法律法规并没有关于仲裁级别管辖的统一规定,但根据各地实践,大型外资企业和劳动者发生的劳动争议、本市范围内有重大影响的劳动争议案件多由市级仲裁委员会管辖,[1]其他影响范围小的案件则由区(县)级仲裁委员会管辖。

(3)移送管辖。受理不属于管辖范围的案件后,仲裁委员会应将案件进行移送管辖。

(4)指定管辖。劳动争议仲裁委员会之间因案件管辖权存在争议或协商解决不成的,应由其上一级主管部门进行指定管辖。

★ 劳动争议仲裁的程序

(1)申请与受理。仲裁申请应以书面形式,存在困难的,可口头申请。在收到仲裁申请后,劳动争议仲裁委员会需在 5 日内对该申请是否属于劳动争议、是否在法定时效期间、是否属于其管辖范围等事项进行审查,作出是否受理的决定,并通知申请人。

(2)庭审。劳动争议仲裁庭庭审主要是通过庭审调查、质证、辩论等活动,查明并确认劳动争议案件的事实,如争议发生的时间、地点、事由、双方当事人的请求等。在质证和辩论环节结束时,首席或独任仲裁员应征询当事人的最后意见。

(3)仲裁调解。在裁决前,劳动争议仲裁庭应先行调解,以促进争议双方关系的修复。对于通过调解达成协议的,劳动争议仲裁庭应当制作调解书。

(4)仲裁裁决。在仲裁庭质证、辩论后,若未能通过调解达成协议,仲裁委员会应在受理后 45 日内作出裁决。若劳动争议仲裁委员会在上述期限内未能作出裁决,当事人可就该争议事项提起诉讼。

★ 仲裁裁决的效力

根据《劳动争议调解仲裁法》等规定,劳动争议仲裁裁决的效力可分为两种:

(1)"一裁终局"类案件。对于因追索劳动报酬、执行国家劳动标准等事项发生的劳动争议,实行"一裁终局",即裁决书自作出之日起产生法律效力。若劳动者一方对此类案件的裁决结果不服,可在收到裁决书之日起 15 日内提起诉讼。若用人单位方对裁决结果不服,则不可就同一事项提起诉讼,但若有证据证明仲裁委员会存在适用法律法规有错误或无管辖权等问题时,用人单位方可向法院申请撤销裁决。

---

[1] 如 2014 年上海市《关于进一步明确本市劳动人事争议仲裁管辖的若干规定》中的规定等。

(2)适用“一调一裁两审”争议处理程序的案件。除实行“一裁终局”的案件外,在收到裁决书之日起的 15 日内,当事人可向法院提起诉讼。若当事人在期满后未提起诉讼,则裁决书发生法律效力。一方面,裁决书具有既判力,双方当事人不得就同一事项再申请仲裁或进行诉讼;另一方面,裁决书具有执行力,若一方逾期不履行,对方当事人可向法院申请执行。

法律与规范链接

▲ **必读法条**

《劳动争议调解仲裁法》第 19 条,第 47 ~ 49 条

△ **延伸法条**

《劳动人事争议仲裁办案规则》第 62 ~ 63 条

延伸阅读

1. 翟玉娟:《劳动争议 ADR 研究——兼及〈中华人民共和国劳动争议调解仲裁法〉之解读》,载《法学评论》2009 年第 4 期。
2. 彭光华:《仲裁在劳动争议处理机制中作用巨大》,载《工人日报》2006 年 1 月 2 日。

10.4　劳动争议诉讼

知识要点

★ **劳动争议诉讼的特征**

作为最后程序,诉讼在劳动争议处理过程中具有程序严谨、结果公正的优点。而且,通过对具体争议案例的审理,可以逐步确立劳动法理,明确抽象的权利义务,最终影响社会舆论,形成社会的一般认可,进而从最广泛的意义上解决和预防争议。

但由于诉讼巨大的社会影响力和劳动争议的复杂性,必须要对其程序和结果的公正性予以严格的保证,这就增加了诉讼的时间、经济等成本。而且,诉讼的对抗性色彩浓厚,容易给劳资双方带来巨大的心理成本,不利于劳动争议的柔性化

解决、双方进一步地合作以及劳动关系的修复。因此，诉讼应当是争议双方最后的选择。

★ 劳动争议诉讼的机构

由于劳动关系以及劳动争议的复杂性，部分先行市场经济国家设有专门的劳动法院处理劳动争议。例如，根据德国《基本法》第95条的规定，劳动法院是独立的法院分支，劳动法院和主管民事争议的普通法院以及主管社会保险争议的社会法院在组织体系上是完全分开的。德国的劳动法院系统包括基层劳动法院、州劳动法院和联邦劳动法院三级。为保障劳动争议案件审判的专业性和公平性，基层劳动法院的审判庭由职业法官、雇主方名誉法官和雇员方名誉法官三方组成。当前，我国尚未建立专门的劳动法院，劳动争议案件由人民法院的民事审判庭负责审理。

★ 调解、仲裁与诉讼制度的衔接

劳动争议调解、仲裁与诉讼制度的衔接主要包括以下几种情形：[1]

(1)无须调解、仲裁，当事人可以直接提起诉讼的情形。首先，对于因用人单位拖欠劳动报酬而发生的劳动争议，劳动者一方可直接向法院提出支付令的申请；[2]对于劳动者凭工资欠条提起且不涉及其他劳动关系事项的争议，由人民法院按民事纠纷处理。

(2)无须仲裁，当事人在调解后可以直接提起诉讼的情形。对于用人单位拖欠劳动报酬等而发生的劳动争议，若争议双方关于上述事项达成了调解协议，而用人单位逾期不履行该协议，则劳动者一方可向法院提出支付令申请；[3]此外，对于在劳动争议调解委员会主持下达成的仅涉及劳动报酬的调解协议，若用人单位一方逾期不履行该协议，则劳动者一方可直接提起诉讼。

(3)仲裁委员会不予受理、当事人可以提起诉讼的情形。对于以劳动关系为中心所发生的争议，若仲裁委员会未受理，则申请人可就该事项向法院提起诉讼。

---

〔1〕 林嘉：《劳动法的原理、体系与问题》，法律出版社2016年版，第352页。

〔2〕 劳动者依据《劳动合同法》第30条第2款规定申请支付令被人民法院裁定终结督促程序后，劳动者就劳动争议事项直接向人民法院起诉的，人民法院应当告知其先向劳动人事争议仲裁委员会申请仲裁。(《最高人民法院关于审理劳动争议案件适用法律若干问题的解释(三)》第17条第2款)

〔3〕 依据《劳动争议调解仲裁法》第16条规定申请支付令被人民法院裁定终结督促程序后，劳动者依据调解协议直接向人民法院提起诉讼的，人民法院应予受理。(《最高人民法院关于审理劳动争议案件适用法律若干问题的解释(三)》第17条第3款)

★ 劳动争议诉讼的判决与裁定

根据《民事诉讼法》的规定，**若当事人对第一审判决的结果不服，在判决书送达后的 15 日内，可以向上一级人民法院提起上诉。若当事人对第一审裁定的结果不服，在判决书送达后的 10 日内，可以向上一级人民法院提起上诉。人民法院审理民事案件实行两审终审制，第二审人民法院的判决、裁定，是终审的判决、裁定。**

对于发生法律效力的判决和裁定，若一方当事人拒绝履行，另一方可向人民法院申请执行，也可以由审判员移送执行员执行。拒不履行人民法院已经发生法律效力的判决、裁定的，人民法院可以予以罚款、拘留或依法追究刑事责任。

法律与规范链接

▲ **必读法条**

《民事诉讼法》第 164 条、第 175 条、第 176 条

△ **延伸法条**

《最高人民法院关于审理劳动争议案件适用法律若干问题的解释（一）》
《最高人民法院关于审理劳动争议案件适用法律若干问题的解释（二）》
《最高人民法院关于审理劳动争议案件适用法律若干问题的解释（三）》
《最高人民法院关于审理劳动争议案件适用法律若干问题的解释（四）》

延伸阅读

1. 郑尚元：《论劳动争议诉讼程序之完善——兼评最高人民法院法释〔2001〕14 号》，载《南京大学法律评论》2003 年第 19 期。
2. 朱京安：《我国劳动争议裁审关系之审视》，载《理论探索》2016 年第 4 期。

第 11 章　社会保障法概论

教学目标

了解和识记社会保障与社会保障法的基本概念；
识记和了解社会保障法的特征；
识记和理解社会保障法的调整对象；
识记和理解社会保障法的基本原则；
识记和了解社会保障法律规范体系；
了解社会保障主要的立法模式。

推荐参考资料

1. 郭捷主编:《劳动法与社会保障法》,法律出版社 2016 年第 3 版,第四至六章。
2. 刘俊主编:《劳动与社会保障法学》,高等教育出版社 2017 年版,第一章。
3. 杨燕绥主编:《社会保障法学》,人民出版社 2012 年版,第一编。
4. 王广彬主编:《社会保障法》,中国政法大学出版社 2009 年版,第一章。
5. 黎建飞主编:《社会保障法》,中国人民大学出版社 2015 年版,第一章。
6. 史探径主编:《社会保障法研究》,法律出版社 2004 年版,第一编。

11.1　社会保障法的概念

知识要点

11.1.1　社会保障的概念

关于“社会保障”的概念,通说认为**社会保障制度的目的在于国家和社会帮助公民规避和解决生活风险,从而保证公民的生存和发展。**“social security”(社会保障)由"social"(社会)与"security"(保障)两个词构成。social 是社会的、社会性的意思;"security"一词的中文含义则是安全、保障,是针对风险而言。社会保障中"保障"所针对的是生活风险,保障的手段也不限于经济的方法,非经济的方法也是常使用的。社会保障所保障的目标人群范围较广,不是仅仅保障一个人或一群人,它的终极目标在于,使社会当中的每个人的生存和发展都得到与社会发展相匹配的保障程度。[1]

11.1.2　社会保障法的概念与特征

★ 社会保障法的概念

社会保障法是指调整政府、社会和社会成员之间的,为保证社会成员免除因疾病、年老、失业以及残疾带来的风险与损失,而发生的社会关系的法律规范的总称。 一般认为,所有与调整社会保障关系有关的法律规范(包括宪法、社会保障基本法、社会保障法律法规),都被认为是实质意义的社会保障法。

★ 社会保障法的特征

1. 社会性

社会保障存在于社会共同体中,是聚集全社会的力量保障全社会成员,社会是社会保障的基础、中介和目的,从某种意义上可以说,没有社会,社会保障就没有了根基,也没有了目标,最终也就没有了社会保障。社会性在社会保障法中表现为:第一,目的的社会性。社会保障法自诞生就是为了保障全体社会成员整体的利益,它以保障社会整体利益的方式,促进整个社会的稳定与发展。第二,保障对象的普遍性。社会保障法所调整的对象,不是某个特定的群体,它所针对的是全体社会成员。第三,义务主体的社会性。国家与政府实施社会保障是宪法所课予的义务。但是,社会保障不能单纯地依靠国家与政府,还需要社会的配合与辅助。

2. 强制性

社会保障的强制性是指,社会保障制度是由国家通过立法建立,并由国家强制进行实施。在社会保障的各项制度中,社会保险的强制性最为突出。[2] 参加社会保险与否、参加社会保险的险种以及社会保险费如何缴纳,法律都有明确规定,用人单位和劳动者没有自由选择的权利,只能按照法律规定执行。因此,社会保障具有鲜明的强制性特征。

---

〔1〕 王广彬主编:《社会保障法》,中国政法大学出版社 2009 年版,第 13 页。

〔2〕 参见《劳动法》第 72 条。

3. 实体法和程序法的统一性

在各种法律中,一般而言,实体法和程序法互依互存,但是,社会保障法与一些部门法不同,在社会保障法中既有实体法,也有程序法。社会保障法既非单纯的实体法,也非单纯的程序法,而是兼具实体法与程序法的属性,是实体法与程序法的统一。

4. 保障性

社会保障是社会按照当时生产力的发展水平,使每一个社会成员在年老、疾病、灾害等情况下,生存发生困难时享有从国家和社会获得物质帮助的权利,以实现社会稳定和社会安全。在市场经济的竞争机制下,难免会产生一些不利于社会稳定的动荡因素,这些不稳定因素不能单凭市场自身解决。随着社会的发展,人们逐渐意识到需要有一种制度,来保障社会成员所要面临的种种风险。社会保障的存在,仿佛为人们的生活织造了一张"安全网",保障社会成员的基本生活以及社会的稳定发展。

法律与规范链接

▲ 必读法条

《宪法》第 45 条

《劳动法》第 72 条

《社会保险法》第 1 ~ 2 条

延伸阅读

1. 贾俊玲主编:《劳动与社会保障法》,中央广播电视大学出版社 2014 年版。
2. 童星、庞绍堂:《社会保障经典名著导读》,北京大学出版社 2016 年版。
3. 郑功成:《社会保障学——理念、制度、实践和思辨》,商务印书馆 2000 年版。
4. 覃有土、樊启荣:《社会保障法》,法律出版社 1997 年版。
5. [比]丹尼・皮特尔斯:《社会保障基本原理》,蒋月译,商务印书馆 2014 年第 1 版 。

11.2　社会保障法的产生与发展

知识要点

11.2.1　社会保障法的萌芽

现代意义上社会保障制度的萌芽，出现在最早进行工业革命的英国。早在 17 世纪初期，英国就颁布了《济贫法》。[1] 处于工业革命时期的英国，其资本主义经济能够顺利发展，并且社会维持大体稳定，在一定程度上要归功于新旧《济贫法》的颁布与实施。经此，很多后起的资本主义国家逐渐重视社会保障相关立法的作用，尤其是欧洲资本主义国家，争相效仿英国制定相关的法律。英国的《济贫法》产生于工业社会发展的初期，目的主要是通过强迫劳动，解决贫民的流浪问题。一方面强迫劳动，另一方面进行救济，可以说是以强迫劳动为主，兼顾救济。这些立法对接受救济者规定了苛刻的条件，不能视为现代意义的社会保障立法。

11.2.2　社会保障法的产生

真正意义上的社会保障法产生于 19 世纪下半叶的德国。德国于 1883 年至 1889 年颁布了世界上第一批社会保险法。[2] 在这些社会保险立法中，包括了工伤、养老、医疗等现代社会保障当中的基本项目，因此，德国在 19 世纪进行的一系列社会保险立法，被视为现代社会保障法产生的标志。进入 20 世纪以后，德国对社会保障立法进行了完善。[3] 经过一系列的社会保障立法，德国构架起了被视为当时世界范围内最为完备的社会保险体系。[4] 德国的社会保障立法成为当时各资本主义国家的典范。大部分的欧洲国家以及部分大洋洲国家，都仿照德国的社会保障立法，将医疗、养老、工伤等内容纳入自己国家的社会保障立法项目中。[5]

---

〔1〕 郑秉文主编：《社会保障分析导论》，法律出版社 2001 年版，第 6 ~ 8 页。

〔2〕 德国于 1883 年颁布了《劳工疾病保险法》，1884 年颁布了《工伤保险法》，1889 年颁布了《伤残及养老保险法》。参见王君南、陈微波：《劳动关系与社会保险》，山东人民出版社 2004 年版，第 207 ~ 208 页。

〔3〕 德国于 1911 年颁布了统一的《社会保险法典》，1923 年颁布了《矿工保险法》，1927 年颁布了《职业介绍和失业保险法》。

〔4〕 贾俊玲主编：《劳动与社会保障法》，中央广播电视大学出版社 2014 年版，第 198 页。

〔5〕 王广彬主编：《社会保障法》，中国政法大学出版社 2009 年版，第 9 页。

11.2.3 社会保障法的发展

1929年美国爆发的经济危机迅速蔓延,影响波及整个资本主义世界。这次经济危机的破坏性极大,在经济和政治方面,它都给资本主义世界带来了严重的混乱。1933年美国总统罗斯福主政,随即开始实行"新政"。"新政"期间实施了很多社会保障项目,其中最值得称道的便是1935年颁布的《社会保障法》。这部法律对美国的发展有着重要的影响,不仅如此,它对整个社会保障立法事业都有至关重要的影响。这部法律第一次系统性地对社会保障项目内容进行了规定(涉及社会保险、社会福利和社会救助等)。作为社会保障立法最为重要的普遍性、社会性原则,也由此得以确立。1942年英国政府发布了著名的《贝弗里奇报告》,在这一报告中,将社会保障明确为国家的义务与责任。[1]《贝弗里奇报告》极大地影响了"二战"后资本主义国家的社会保障立法。[2]

11.2.4 社会保障法的调整与完善

20世纪50年代到70年代,世界经济高速发展。这个时期,调高本国社会保障的水平,成为当时经济发达资本主义国家的普遍选择。80年代"石油危机"爆发以后,经济形势呈现明显下降趋势。社会保障方面的大量财政支出,让深陷经济滞涨的国家,越来越不堪重负。[3] 面对这样的形势,很多国家开始反思本国的社会保障政策,对于社会保障也形成了一些新的认识。"福利国家"对社会保障项目进行了一系列的调整,其具体措施有:社会保障支出项目有所缩减,社会保障的待遇水平也在一定程度有所下降,社会保障的支付规则被设计得更为科学,以上措施的实施都在一定程度上控制了社会保障费用的支出量。[4]

---

[1] 战后,英国以《贝弗里奇报告》为基础,进行了一系列社会保障立法。其中主要有:《家庭津贴法》(1942年)、《国民保险法》(1946年)、《国民工伤保险法》(1946年)、《国民保健事业法》(1946年)、《国民救济法》(1947年)等。1948年,英国首相艾德礼宣布英国已成为福利国家。参见丁开杰、林义编:《后福利国家》,上海三联书店2004年版,第2页。

[2] 福利国家立法影响的范围非常广泛,西欧、北欧、北美、大洋洲等工业发达国家,也都纷纷按英国模式实施社会福利政策,建设自己的"福利国家"。这一时期,社会保障立法不仅在模式上有了大的突破,在数量上也大大增加,而且更注重内容的完整性和体系的科学性,社会保障制度得以更充分地发展。参见史探径:《世界社会保障立法的起源和发展》,载《环球法律评论》1999年第2期。

[3] 贾俊玲主编:《劳动与社会保障法》,中央广播电视大学出版社2014年版,第199页。

[4] 夏洁、张明琼:《全球社会保障制度演变的新趋势及其启示》,载《社会科学论坛》(学术研究卷)2009年第8期。

延伸阅读

我国社会保障法的探索与发展

1978年党的十一届三中全会确定了改革开放的方针政策，随之，我国社会的政治形势与经济形势都发生了重大的改变。1984年，党的十二届三中全会通过了《中共中央关于经济体制改革的决定》，开始以搞活国有企业为中心环节的经济体制改革，社会保障体制的改革也提到了相应的议程。这一时期我国的社会保障制度改革，经历了从1978年党的十一届三中全会到1992年党的十四大，近十余年的社会保障制度改革探索时期。从1993年至今，是社会保障制度改革取得突破进展的时期。前一时期社会保障制度改革，主要是作为国企改革的配套措施，在涉及国企改革的各单个项目上分别进行了探索；后一个时期，则是继续为国企改革做好配套工作，同时明确了社会保障制度是我国社会主义市场经济中的重要组成部分。国家层面已经明确，要建立适应社会主义市场经济体制的社会保障体系。

1985年，在《中共中央关于制定国民经济和社会发展的第七个五年计划的建议》中，第一次明确地提出了"社会保障"的概念，将社会保险、社会福利、社会救助、社会优抚等制度，统一归并于社会保障制度中，社会保障立法在适应经济体制改革中全面展开。党的十五大报告提出，社会保障制度的改革和建设，重点项目在于养老、医疗、失业保险和社会救济四个方面。这一任务的提出，给我国下一个阶段社会保障法制建设，确立了目标和任务。之后，在党的十七大报告中提出，要加快建立覆盖城乡居民的社会保障体系，保障人民基本生活，要以社会保险、社会救助、社会福利为基础，以基本养老、基本医疗、最低生活保障制度为重点，以慈善事业商业保险为补充，加快完善社会保障体系。这就为我国社会保障事业未来的发展指明了方向，确立了任务。

在党的十五大报告以后，社会保障制度的改革和发展取得了显著的成就。所取得的主要成就有：扩大了社会保障的覆盖面，养老事业的重要保障项目已经扩大到了非公有制企业；社会保险改变了企业自保的模式，建立起了社会共济的社会保障框架；社会保障基金的来源改变了过去国家统包的情况，实行了国家、单位和职工个人三方合理负担，并在主要项目上实行了社会统筹，加强了社会保障基金的管理，完善了社会保障的财务制度。从1997年到2004年，国家颁布了一系列与社会保障相关的法律法规。其中，涉及社会保障的基本养老、基本医疗、工伤保险、失业保险、生育保险等各个方面，进一步完善了我国社会保障法律体系的建设。2010年

10 月 28 日,《社会保险法》获得审议通过,这是我国首次将社会保险制度上升到了法律层面进行调整和规制,为我国的社会保障事业开创了新的局面。

11.3　社会保障法的调整对象和法律关系

知识要点

11.3.1　社会保障法的调整对象

★ 社会保障法调整对象的特征

(1)社会保障活动是社会保障关系产生的前提与基础。但是,只有那些事先由相关法律进行明确规定的社会保障活动,才是社会保障法调整的对象。[1]

(2)国家必须依托特定的职能机构,组织与实施与社会保障相关的具体事宜。[2] 此类职能机构,是社会保障关系中主要的主体之一,缺少了这一方主体,社会保障事务就无从开展。

(3)社会保障关系兼具财产属性与人身属性。社会保障关系兼具两面性,主要原因在于,社会保障是建立一种以人身关系为基础的财产关系。举例来说,社会保障关系当中的主要内容基本围绕社会保障基金的筹集、管理、支付、运营等活动而展开,因此它是以财产关系为基础。在社会保障的一些保障项目中,最终获得物质帮助的都是特定的人群,具备特定条件的人,才能享受特定的物质待遇。因此,它又兼备了人身属性。

(4)社会保障关系与民事关系有很大区别,也不同于体现管理与服从的行政关系。社会保障关系的首要属性是其法定性。社会保障关系如何产生以及社会保障活动以何种方式开展,都不是社会成员按照个体意思自治而决定的。这是社会保障关系与民事关系(以平等、自由、意思自治为主要特征)最大的区别。

(5)社会保障关系中,某些权利和义务存在不对等性,这种不对等性需要特定的条件。在社会救助和社会优抚关系中,社会救助所保障的都是生活面临危机的人群,无条件地保障他们的最基本生存,是国家必须履行的义务。

---

〔1〕 郑尚元主编:《劳动与社会保障法学》,北京师范大学出版社 2010 年版,第 250 页。

〔2〕 社会保障职能机构包括社会保障经办机构、社会保障基金投资运营机构以及其他社会机构。

★ 社会保障法调整对象的范围

按照社会保障关系当中所涉及的主体，社会保障法所涉及的关系主要包括：[1]

（1）**全体社会成员与国家之间的关系**。社会保障的最终目标是使社会中的所有成员，都得到一定程度的保障。因此，在这类关系中，着重于明确国家社会保障的义务与职责，以及社会成员对于社会保障所享有的权利。

（2）**社会保障经办机构与国家之间的关系**。离开社会保障经办机构，社会保障就无法顺利地开展与实施。在这类社会保障关系中，国家要对社会保障经办机构进行授权与监管，同时，也要明确经办机构具体的权利与义务。

（3）**社会成员和社会保障具体经办机构之间的关系**。在社会保障关系当中，直接接触最多的就是社会保障具体经办机构与社会成员。这两方主体在社会保障基金的筹集与社会保障待遇的给付方面，都发生广泛而直接的联系。

（4）**社会保障机构之间的关系。社会保障的实施与开展，涉及多个行政部门的分工与协作，它们之间也需要在职责与权限方面进行细致的划分，以便更好地开展社会保障活动。**[2]

（5）**社会保障监督关系**。国家通过授权委托的形式，将对公民的社会保障义务，委托给相关社会保障经办机构完成。因此，在这一过程中，国家有义务对社会保障活动开展进行各种形式的监督。[3]

11.3.2　社会保障法律关系

★ 社会保障法律关系的含义

经社会保障法的调整，在社会保障主体间形成的权利义务关系，就是社会保障法律关系。其中最主要的表现为，社会保障义务主体对社会保障权利主体的一种对待给付。社会保障法律关系表现出以下特征：

（1）**法定性**。社会保障活动的开展必须在法律规定的范围内进行，没有法律的规定，社会保障关系也就无从形成。在社会保障法律关系中，权利与义务的内容，一般都有明确的规定。经协商或本人自主意愿进行的权利义务内容的变更与终止，都是不合法的。

---

〔1〕 以社会保障的内容为标准，可以将社会保障关系分为社会保险关系、社会救助关系、社会福利关系和社会优抚关系。以社会保障的行为为标准，可以将社会保障关系分为，社会保障管理关系、社会保障基金筹集关系、社会保障基金给付关系、社会保障基金运营关系、社会保障监督管理关系。

〔2〕 这些关系包括社会保障各职能机构之间及其内部有关职责划分、财务管理、资金分配等方面的关系。

〔3〕 社会保障监督关系分为权力机关监督、司法监督、行政监督、社会监督以及保障机构的内部监督等。

(2)**保障性**。给付关系是社会保障法律关系中的最基本的关系。[1] 社会保障关系因为兼具财产性与人身性的属性,其外在表现的内容较为复杂。但是,无论外在表现如何复杂,它的本质都是,作为社会保障义务主体的一方,对社会保障权利主体一方的一种对待给付。给付是一个私法上的合同关系的概念,只不过在社会保障关系中,给付必须遵守法定的条件。

(3)**社会保障法律关系兼具财产属性与人身属性,**即它是一种人身关系属性和财产关系属性相结合的法律关系。这一特点在社会保险和社会福利关系等方面表现得尤为突出。[2]

★ 社会保障法律关系的主体

1. 被保障主体

根据社会保障法的规定,社会保障法的被保障主体不能超出自然人的范围。对自然人以外的其他各种类型的组织所给予的物质扶持都是非社会保障性质,不能将这些组织列入社会保障法的被保障主体范围。社会保障法不能将被保障主体看成抽象的人,对人与人不平等的现实熟视无睹,而应将人作为具体的人对待,区分强者和弱者,并对弱者予以特殊的保护。当然,社会保障法也并非追求完全消除人与人之间的差别,事实上差别也是无法完全消除的,而是要在承认、允许差别存在的前提下,避免使差别成为生存与发展的障碍。

2. 社会保障经办机构

社会保障经办机构,是指得到国家的授权与委托,从事社会保障具体事务的办理与管理的机构。社会保障经办机构实施其职责必须依照法律的具体规定,其具体负责的社会保障事务的内容较为广泛,基本涉及社会保障活动的方方面面。[3]

3. 社会保障管理主体

社会保障管理主体,是典型的行政主体,隶属于各级人民政府,在各自的职责权限范围内执行社会保障法律法规的规定,对社会保障制度的建立、运行进行监督和管理。

---

〔1〕 钟秉正:《社会法与基本权保障》,台北,元照出版有限公司2010年版,第57页。

〔2〕 一方面,劳动者向用人单位提供劳动力而与用人单位形成社会保障关系,就其本意来说,这是一种人身关系;另一方面,劳动者通过劳动换取生活资料,获得社会保险和社会福利待遇,就此而言,又是一种财产关系。

〔3〕 社会保障经办机构的具体职责主要包括:社会保障申请的受理、社会保障相关费用的收缴、社会保障待遇的给付以及社会保障基金管理等。

4. 社会保障辅助主体

社会保障辅助主体是指为了辅助社会保障经办机构履行职责，而参加社会保障法律关系的主体。现代社会分工越来越精细，社会保障经办主体所担负的提高社会保障的义务，不可能都亲自完成，社会保障辅助主体的存在，增强了经办主体的保障能力，可视为经办主体能力的延伸。

5. 社会保障监督主体

社会保障监督主体，是对社会保障经办主体、管理主体和一些辅助主体遵守和实施社会保障法律法规情况进行全面监督的主体。《劳动法》第 74 条第 2 款规定："社会保险基金监督机构依照法律规定，对社会保险基金的收支、管理和运营实施监督。"[1]

6. 社会保障争议处理主体

主体主要指依法律规定，有权介入社会保障争议中，解决、处理社会保障争议的主体。在我国，社会保障争议处理主体包括行政复议机关、人民法院和劳动争议仲裁机构。

法律与规范链接

▲ 必读法条

《社会保险法》第 4 ~8 条

《劳动法》第 74 条

延伸阅读

1. 杨莲秀主编:《社会保障法》,北京大学出版社 2011 年版。
2. 郑尚元主编:《劳动与社会保障法学》,北京师范大学出版社 2010 年版。
3. 王广彬主编:《社会保障法》,中国政法大学出版社 2009 年版。
4. 钟秉正:《社会法与基本权保障》,台北,元照出版有限公司 2010 年版。
5. 秦国荣:《劳动与社会保障法律制度研究》,南京师范大学出版社 2004 年版。

---

[1] 参见《劳动法》第 74 条。

11.4 社会保障法的基本原则与法律渊源

知识要点

11.4.1 社会保障法基本原则的内容

1. 权利保障原则

在现代文明国家中，享有社会保障的权利，是宪法赋予每个公民的基本权利。这一基本权利主要由社会保障法加以细化与落实。国家在社会保障法的实施过程中，扮演至关重要的角色，为公民提供社会保障，是国家的基本义务；公民享受社会保障，是其基本权利。

2. 普遍性原则

社会保障的最终目的是要实现对社会中全体成员的保障，它不能仅仅针对某一个群体，这也是社会保障权作为一项基本的公民权利所要体现的内涵。[1] 社会保障法为全体社会成员提供安全与保障，稳定社会秩序，这些功能都是通过社会保障的普遍性进行贯彻与落实。所以普遍性原则成为社会保障法的基本原则。普遍性原则的典型体现为，我国《社会保险法》第3条规定社会保险制度坚持“广覆盖”的方针。[2]

3. 社会保障水平与经济发展水平相适应原则

社会保障水平必须与经济发展水平相适应。社会保障水平过低，社会保障程度不足，社会成员的基本生活得不到保障，则不能良好地实现社会保障功能，不利于社会的稳定与发展。社会保障水平受经济发展水平制约，而且必须适应经济发展水平，即社会保障水平必须适度。社会保障水平的适度，在保障公民基本生活的同时，能够激励劳动者的积极性，提高劳动者的素质，有利于提高劳动生产率，从而有利于实现社会保障制度的良性运行，推动和促进经济发展、社会进步。判断社会保障水平是否适度的标准，主要是观察社会保障制度在保障公民一定经济生活水平的基础上，能否实现自身平衡与良性运行，对国民经济发展能否起到促进作用。[3]

---

〔1〕 郭捷主编：《劳动法与社会保障法》，中国政法大学出版社2012年版，第303页。

〔2〕 参见《社会保险法》第3条。

〔3〕 蒋月主编：《劳动法与社会保障法》，浙江大学出版社2010年版，第249页。

4. 公平与效率兼顾原则

公平性要求每一个社会成员都有获得社会保障的权利，不对一部分人在社会保障方面进行歧视。同时，在坚持公平性的基础上，效率也是不可忽视的原则。效率性要求，社会保障要充分发挥其在经济发展中的调节作用，适当允许社会保障中合理差别待遇的存在。公平不是绝对的同样对待，无差别的待遇在某些条件下会制造不平等。因此，合理的差别待遇是可以存在的，只要这一差别能够对社会成员产生一定的激励，进而促进经济的发展，社会保障也就实现了一种动态化的公平。这种公平是更合理的公平，它有利于提高社会保障法律制度的运行效率，使法律制度的技术性提高，也有利于社会保障基金增值；同时有利于提高社会福利场所和医疗保健体系的利用率和优化率。

5. 社会化原则

社会保障不是国家、政府或公民，任何一个单方主体的事务。社会保障的持续稳定发展，必须依靠全社会的共同参与。伴随着人类社会工业化进程而出现的失业、伤残、疾病等危机生活带来的风险，在很大程度上是由社会因素导致的，完全由个人承担，其后果是不公平，也是不可能的，必须借助国家的力量，保证社会成员的基本生活和社会稳定。我国传统的社会保障体制具有严重的"国家保障"和"企业保障"色彩，一些地方政府在社会保障方面的支出已经超出了经济发展的实际水平，因此必须走社会保障的社会化之路，把长期以来由企业和国家包揽的社会保障事务交由社会承办。其中，最为典型的体现在于社会保障基金实现社会化统筹，由国家、企业、劳动者三方承担社会保障的资金。

11.4.2　社会保障法的法律渊源

(1) 宪法；

(2) 法律；[1]

(3) 行政法规、规章；

(4) 地方性法规、规章；

(5) 国际社会保障公约等。

---

[1] 例如，《社会保险法》《老年人权益保障法》《残疾人保障法》《妇女权益保障法》《未成年人保护法》。

延伸阅读

1. 郭捷主编:《劳动法与社会保障法》,中国政法大学出版社 2012 年版。
2. 蒋月主编:《劳动法与社会保障法》,浙江大学出版社 2010 年版。
3. 史探径主编:《社会保障法研究》,法律出版社 2000 年版。
4. 王广彬主编:《社会保障法》,中国政法大学出版社 2009 年版。
5. 郑尚元主编:《劳动与社会保障法学》,北京师范大学出版社 2010 年版。

11.5　社会保障模式

知识要点

社会保障模式是依据一定的标准,对一个国家在不同历史时期的社会保障制度所做的分类。以社会保障资金筹集方式为标准,可以将各国的社会保障模式划分为传统型、福利型、储蓄型和国家型保障四种。[1]

1. 传统型模式

传统模式是以社会保险为社会保障的核心内容。这一模式最大的特征在于,按照社会成员对社会保障贡献的大小,选择性的制定社会保障的标准。"选择性保障",是传统型模式最为明显的特征。传统型模式中,社会保障的主要保障对象是劳动者,实施社会保障的资金来源,主要由国家、雇主及劳动者共同负担,其中雇主和劳动者,是社会保障费的主要缴纳者。贡献多缴费多的劳动者,享受的社会保障待遇就高。这一社会保障模式,强调了劳动者个人,在社会保障当中所起的作用。美国、日本等国家采用的是这种传统型的社会保障模式。

2. 福利型模式

福利型模式坚持普遍性的保障原则,给付的待遇标准统一,保障项目全面,包括"从摇篮到坟墓"的各种生活需要。实施社会保障的资金,主要来源于国家财政的支持。一般而言,福利型模式的社会保障待遇水平非常高,相应地,它会给国家带来沉重的财政负担。实施这一社会保障模式的国家,正在积极地进行调整。英国、瑞典、挪威等西欧和北欧国家采用这种模式。

---

[1] 史探径:《世界社会保障立法的起源和发展》,载《环球法律评论》1999 年第 2 期。

3. 储蓄型模式

储蓄型模式最大的特点在于,国家会为每一个社会成员,建立一个专属的"个人账户"。实施社会保障的资金,由雇主与劳动者按一定比例缴纳。缴纳的社会保障费用,会存入劳动者的"个人账户"。劳动者退休需要养老时,或有其他生活需要时,所享受的社会保障待遇,从其"个人账户"支付。学界通说认为,储蓄型模式的社会保障的最大的特点,就是"个人账户"的累积制。此种社会保障制度,为劳动者建立一种强烈的自我负责、自我保障的意识。强调能者多得,不劳不得,一定程度促进了全社会的生产效率。但是,由于"个人账户"是属于每一个个体的,政府就无法对社会保障沉淀的全部资金,进行必要的调剂使用。因而,储蓄型社会保障,无法体现社会互助的功能,同时其社会保障的再分配功能发挥空间很小。新加坡、马来西亚等新兴市场经济国家采用这种模式。

4. 国家型保障模式

国家型保障模式,又称国家统包型社会保障制度,以"国家统包"为核心,由政府对福利进行直接分配,社会保障事务由国家统一办理,社会保障费由国家和企业负担,职工个人不必缴纳社会保障费用。

延伸阅读

1. 史探径:《世界社会保障立法的起源和发展》,载《环球法律评论》1999 年第 2 期。
2. 夏洁、张明琼:《全球社会保障制度演变的新趋势及其启示》,载《社会科学论坛:学术研究卷》2009 年第 8 期。
3. 丁开杰、林义编:《后福利国家》,上海三联书店 2004 年版。
4. 黎建飞主编:《社会保障法》,中国人民大学出版社 2015 年版。
5. 郑秉文主编:《社会保障分析导论》,法律出版社 2001 年版。
6. 王广彬主编:《社会保障法》,中国政法大学出版社 2009 年版。

第 12 章　社会保障分论一

教学目标

识记和了解社会保险法的基本概念和特征；
识记和了解社会保险法的基本原则和分类；
了解社会保险基金管理制度；
识记和了解养老保险的概念和特点；
识记和了解医疗保险的概念和特点；
理解和识记我国医疗保险的分类和内容；
识记和理解工伤保险的概念特点以及我国工伤保险的覆盖范围；
识记和了解工伤认定的情形、工伤保险待遇的项目和标准；
识记和了解失业保险的概念特征、适用对象以及失业保险待遇的享受条件；
识记和了解生育保险的概念、对象及特征。

推荐参考资料

1. 郭捷主编:《劳动法与社会保障法》,法律出版社 2016 年第 3 版,第七章、第八章。
2. 刘俊主编:《劳动与社会保障法学》,高等教育出版社 2017 年版,第七章。
3. 杨燕绥主编:《社会保障法学》,人民出版社 2012 年版,第五章、第七章。
4. 王广彬主编:《社会保障法》,中国政法大学出版社 2009 年版,第二章、第三章、第六章。
5. 贾俊玲主编:《劳动法与社会保障法》,中央广播电视大学出版社 2014 年版,第十二章。
6. 黎建飞主编:《社会保障法》,中国人民大学出版社 2015 年版,第四章至第六章。
7. 杨德敏主编:《劳动法与社会保障法研究》,复旦大学出版社 2015 年版,第三章至第五章。
8. [法] 让 - 雅克 · 迪卢贝、爱克扎维尔 · 普列多:《社会保障法》,蒋将元译,法律出版社 2002 年版,第一章、第五章。
9. 杨莲秀主编:《社会保障法》,北京大学出版社 2011 年版,第四章至第六章。
10. 叶姗:《社会保险法》,高等教育出版社 2016 年版,第一章。

12.1 概　　述

知识要点

12.1.1 社会保险的定义

★ 社会保险的概念

社会保险,是指国家通过立法,保证社会成员免除因疾病、年老、失业以及残疾带来的风险与损失而发生的社会关系的社会保障法律制度。[1] 我国《宪法》赋予我国公民享受社会保障的权利,这一基本权利的主要表现之一为社会保险制度。

社会保障制度在很大程度上保障了社会成员的生活安定和身心健康,它通过采用风险集中管理技术,建立风险分摊机制,筹集保险基金,对遭遇社会风险的社会成员提供经济补偿,保障其生活的安定。社会保险属于社会保障制度体系,是社会保障制度体系的重要组成部分和核心内容。世界上没有两个国家的社会保障体系是完全一致的,因各国国情与文化及经济发展水平的不同,社会保障的项目内容体系各有差异。[2] 在我国,社会保险是社会保障体系的组成部分之一。

★ 社会保险的特征

1. 社会性

社会保险的社会性包括以下三个方面:

(1)保险对象的社会性。社会保险以全体社会成员为保险对象。

(2)保险组织和管理的社会性。社会保险属于公共管理事务,是国家的政策行为。在我国,社会保险的组织由国家通过立法确认,政府组织实施社会保险资金的筹集、社会保险事务的管理等事项。

(3)保险目的的社会性。社会保险的目的在于,保证社会成员免除因疾病、年

---

[1] 我国《宪法》第 45 条第 1 款规定:"中华人民共和国公民在年老、疾病或者丧失劳动能力的情况下,有从国家和社会获得物质帮助的权利。国家发展为公民享受这些权利所需要的社会保险、社会救济和医疗卫生事业。"

[2] 郑功成:《社会保险制度建设与社会保险立法》,载中国人大网:http://www.npc.gov.cn/npc/zt/2007-12/29/content_1387569.htm,最后访问日期:2017 年 7 月 10 日。

老、失业以及残疾带来的风险与损失,[1]从而促进社会稳定,实现社会正义。

2. 福利性

社会保险的福利性表现在以下三个方面:

(1)社会保险由政府指定非营利机构进行管理运营,不具有营利性。

(2)国家需要在一定的条件下负担一部分的保险费。

(3)被保险人获得的保险待遇大于其付出的保险费。

3. 强制性

社会保险一般由国家通过立法强制实施。其强制性表现为以下三个方面:

(1)社会保险关系的建立具有强制性,当事人不能自主决定是否建立社会保险关系。

(2)社会保险缴费具有强制性,当事人必须按照法定的标准和期限及时、足额缴费。

(3)请求社会保险待遇给付的条件具有强制性。

4. 保险性

社会保险的保险性表现为:

(1)社会保险费用与被保险人承担的社会风险相关联。

(2)社会保险制度建立的基础是风险分担,被保险人通过参加社会保险,与社会互助共济,使社会经济更加稳定。

12.1.2　社会保险法概述

★ 社会保险法的概念

社会保险法是调整社会保险法律关系的法律规范。社会保险法明确规定了我国社会保险的**项目体系**,此外,对于社会保险的**保险对象**、**经费的筹集发放**、**社会保险的待遇标准**等以及**社会保险的管理与监督**等内容进行法律规定,并且明确**社会保险机构的性质与职能**、**社会保险的组织形式与地位**等事项。[2]

我国《社会保险法》确立了社会保险体系基本框架,并明确了不同项目的社会保险制度的适用范围。[3]

---

[1]　黎建飞:《社会保障法》,中国人民大学出版社2015年版,第23~26页。

[2]　王广彬主编:《社会保障法》,中国政法大学出版社2009年版,第40页。

[3]　参见《社会保险法》第95~98条。

★ **社会保险法的原则**

社会保险法的原则在社会保险法当中处于核心的地位。《社会保险法》第3条对社会保险的原则进行了详细的规定。[1] 具体来看,社会保险法的基本原则包括:

(1)**社会保险水平与社会生产力发展水平相适应的原则**。社会保险水平的合理确定,是社会保险法的一项重要内容。社会保险的水平,既要保障我国公民的基本生活需要,又应该充分考虑当下我国的经济发展水平,在保证实现社会保险基本目标的前提下,保险水平随着我国社会经济的不断发展而逐步提高。

(2)**社会保险权利与义务相统一的原则**。这一点在社会保险基金制度方面体现得尤为明显。社会保险基金的建立不是由某一组织或少部分人承担责任的,而是由国家、用人单位和劳动者共担责任的。

(3)**社会保险一体化的原则**。社会保险一体化原则,是指社会保险要在项目、标准以及管理与实施机制等方面尽量做到统一。[2] 这样,无论人口流动到哪里,均可以享受同等的社会保险待遇,进而为社会中劳动力资本的优化配置提供有效保障。

(4)**建立多层次的社会保险制度原则**。我国《劳动法》颁布之前,社会保险层次单一,企业职工因年老或者其他原因丧失劳动能力时,只能从企业领取法定的社会保险待遇,除此之外没有其他经济来源,以致在许多情况下,如遇到企业亏损或发生经济困难,则生活无着。其他的普通劳动者年老或丧失劳动能力后的生活更无法得到保障。为此,我国《劳动法》以及后来的《社会保险法》,都对多层次的社会保险制度进行了规定,[3]为所有社会成员提供有效保障。

(5)**保障功能与激励机制相结合的原则**。社会保险的核心价值之一在于,国家所提供的社会保险必须满足保障社会成员的基本生活需要。因此,社会保险制度的主要目的是实现社会公平,社会保险待遇原则上应当是人人都享受。但社会保险在实质上不是超越公民劳动付出之外的"免费的午餐",它是全体社会成员参与和获取的群体行为。我国社会保险法应该处理好公平与效率、保障与激励的关系,简言之,我国的社会保险水平既要保障每一个参保人的基本生活,又要与个人缴费

---

〔1〕《社会保险法》第3条规定:"社会保险制度坚持广覆盖、保基本、多层次、可持续的方针,社会保险水平应当与经济社会发展水平相适应。"

〔2〕王广彬主编:《社会保障法》,中国政法大学出版社2009年版,第45页。

〔3〕参见《社会保险法》第2条、第3条。

多少、劳动贡献大小挂钩。

12.1.3　社会保险法的分类

★ 社会保险法的一般分类

根据不同的划分标准，社会保险可划分为不同的种类。

（1）根据保险内容性质的不同，社会保险分为生育保险、疾病保险、养老保险、伤残和死亡保险四类。

（2）按照提供保险待遇的形式，社会保险分为现金补贴保险和实物补贴保险。现金补贴保险是以发放现金的形式提供保险待遇，此类方式适用范围广。实物补贴保险（如医疗保险和生育保险中医疗服务待遇的提供）的适用范围较小，但在某些特定场合比现金补贴更能对劳动者起到保险作用。

★ 我国社会保险法的分类

参照其他一些国家和国际通行的划分标准，我国《劳动法》第 73 条和《社会保险法》第 2 条把社会保险分为：**养老保险、疾病保险、失业保险、工伤保险和生育保险**。根据国际劳工组织的规定，社会保险项目应该覆盖社会风险的九个项目。[1] 对于参加合约的各国，在立法中应当参照公约的规定，各国的社会保障立法，不必完全包括这九大项目，但是，必须涵盖其中三个以上的项目。各国应该逐步完善本国的社会保障项目，直到立法能够涵盖所有九个项目。[2] 就目前我国社会保险的项目选择来看，《劳动法》将除家庭补助外的八个项目都纳入了社会保险体系，《社会保险法》亦在《劳动法》的基础上进一步完善了我国的社会保险体系。

12.1.4　社会保险法的内容

★ 养老保险

养老保险是通过向用人单位和劳动者本人征收养老保险费，形成养老保险基金，用于解决劳动者退休后的基本生活保障问题的社会保险。在 2010 年 10 月 28 日《社会保险法》审议通过前，养老保险的主要保险对象是用人单位中的劳动者。《社会保险法》颁布后不仅保留了原有的对象范围，还将保险范围拓展到了城镇居民和农民。但是应该看到，更为全面的养老保险，应当包括其他各类职业的劳动者

---

〔1〕 九个项目具体为：医疗、疾病、失业、老年、工伤、家庭补助、生育、伤残和遗属。

〔2〕 1952 年国际劳工组织通过第 102 号《社会保障最低标准公约》，参见黎建飞主编：《社会保障法》，中国人民大学出版社 2015 年版，第 32 页。

（如国家公务员、家庭服务人员、军人和农民等），并按照其职业特点分别建立起相应的养老保险制度。

★ 失业保险

失业保险是解决劳动者在失业期间的基本生活保障的社会保险形式，此项社会保险的资金主要来源于，社会保险管理机构向用人单位和劳动者本人筹集资金，形成失业保险基金。失业保险的基本待遇形式是发放失业保险金，此外，也有向失业者提供免费再就业培训的形式。失业保险在市场经济环境下有着十分重要的作用，尤其是对劳动力市场的正常、平稳发展有着不可替代的作用，在很大程度上缓和了失业可能带来的社会问题。因此，失业保险可以看作劳动力市场的稳定与保障机制。

★ 工伤保险

工伤保险是补偿劳动者因工伤事故而导致的收入丧失，以及为遭受工伤的劳动者提供医疗保障待遇的一种社会保险制度。工伤保险的资金主要来源于工伤保险基金，该基金主要由社会保险管理机构向用人单位筹集。工伤事故风险与现代工业相伴而生，随着现代工业生产规模的扩大化与社会化，工伤保险的社会化管理也有了进一步的发展。在工业化国家，工伤保险早已成为非常普及的一项社会保险制度。

★ 生育保险

生育保险是保障生育妇女孕产哺乳期间的收入与生活保障问题的社会保险项目。生育保险基本待遇为提供生育医疗保障、产假及产假工资等。生育保险的时间范围包括法律规定的分娩前和分娩后的特定期限。考虑到女职工因生产暂时不能参加劳动，出于恢复女职工劳动力以及女职工肩负抚养新生人口责任的考虑，需要生育保险这样的社会保险项目为生育期的女职工提供物质帮助和休息保障。

★ 疾病保险

疾病保险是保障社会成员在罹患疾病时，能够获得经济帮助，尽快摆脱疾病困扰、恢复健康的社会保险项目。在这里引发疾病的原因不包括工伤造成的疾病与身体伤害，这一部分应当由工伤保险进行保障。由于疾病风险难以预测，医疗费用难以控制，所以疾病医疗保险与社会成员安全感的要求联系在一起。疾病保险首先应具有预防性，即将一个群体的资金集中起来，共同承担医疗风险。

12.1.5 社会保险基金管理制度

社会保险基金为实施各项社会保险制度提供资金，是具有专门用途的基金。[1]建立社会保险基金的意义在于发挥社会保险的再分配、储蓄积累、社会互助、风险分担和增强经济实力的社会功能。

★ 社会保险费的筹集制度

1. 社会保险费的筹集

按照社会保险的社会性原则，社会保险费应来源于整个社会。在我国社会保险费主要由用人单位、居民（主要是劳动者）和国家三方共同承担。社会中大部分的风险，都不是社会成员主观意志能够掌控的。[2] 因此，风险后果不应该完全由社会成员来承担，应该由用人单位和国家分担社会保险的缴费义务。社会保险不仅为社会成员提供了基本的生活保障从而有效保证了劳动力的再生产，也为用人单位的经济效益提高和社会稳定发展创造了条件。如果有任何一方不履行自己的保险义务，不承担自己的责任，社会保险的发展都会受到极大的阻力。

2. 社会保险基金的筹集原则

社会保险基金的筹集应当遵循下列原则：

（1）应当兼顾实现社会目标、政治目标和经济目标，即保障大多数人的基本权利、调节不同阶层的关系、平衡并兼顾社会生产力发展。

（2）应当兼顾中长期目标和短期目标。

（3）应当明确界定政府、用人单位和劳动者之间的责任边界。

我国正处于体制转换时期，社会保险经验积累较少、社会保险基金筹集的经验不足。一方面，不能操之过急，要有计划、有步骤地推行社会保险基金的积累；[3]另一方面，要采取多渠道筹集社会保险基金，不能依靠单一的渠道，以避免对某一行业或某一领域造成过大的压力和负面影响。[4]

3. 社会保险费的分担方式

（1）用人单位负担。大多数国家的工伤保险采取全部由用人单位负担的方式，

---

〔1〕 社会保险基金按社会保险项目分别建立，如养老保险基金、医疗保险基金、失业保险基金、工伤保险基金、生育保险基金等。

〔2〕 例如，劳动者在劳动和寻求工作中所面临的风险，很大程度上取决于国家的产业政策和用人单位的经营水平。

〔3〕 我国《社会保险法》第64条第3款规定："基本养老保险基金逐步实行全国统筹，其他社会保险基金初步实行统省级统筹，具体时间、步骤由国务院制定。"

〔4〕 徐波主编：《劳动和社会保障法》，厦门大学出版社2012年版，第279页。

这种方式有利于加强用人单位的安全生产意识，也有利于减轻劳动者和国家的负担。

(2)政府负担。政府负担社会保险费，可以有效地对某些社会保险项目进行调控，同时，能够有效地促进此项社会保险项目的发展。

(3)劳动者负担。这种方式能够增强劳动者的社会保险意识与保险责任意识，但不利于有关社会保险项目的正常发展。

(4)用人单位和政府共同负担，社会成员不负担。经济发达国家大都采取这种形式。

(5)用人单位、政府和劳动者三方共同负担。这是目前世界上大多数国家采用的社会保险费的分担方式。

★ 社会保险基金的管理原则

由于各项社会保险项目，在保险目的、覆盖人群、投资方式、运行方式和支付项目等方面大不相同，如果账目混杂，则难以平衡各险种之间的关系。另外，由于各项社会保险基金的规模都非常大，需要精细化和规范化的管理，只有分别建账、分账核算，才能切实保护参保人的合法权益。我国社会保险基金的管理采取分账原则的管理模式。

在分账的基础上实施统账分离。统账分离即社会统筹基金与个人账户基金分开管理。因为社会统筹基金属于社会集体所有，它可以通过代际转移风险；但是，个人账户基金记在个人名下，它属于记名的个人所有。个人账户基金实行积累式财务制度，其风险不能实现代际转移。因此，鉴于两种基金的本质区别，针对它们的管理也采取了不同的方式。一般而言，社会统筹基金交给非营业性投资机构来管理，这一类机构与政府之间保持着相对独立的关系；而个人账户基金则一般交给特定的专业投资机构来管理。

法律与规范链接

▲ 必读法条

《社会保险法》

《实施〈中华人民共和国社会保险法〉若干规定》

《社会保险基金先行支付暂行办法》

延伸阅读

1. 叶姗:《社会保险法》,高等教育出版社 2016 年版。
2. 郑秉文主编:《社会保障分析导论》,法律出版社 2001 年版。
3. [法] 让-雅克·迪卢贝、爱克扎维尔·普列多:《社会保障法》,蒋将元译,法律出版社 2002 年版。
4. 王广彬主编:《社会保障法》,中国政法大学出版社 2009 年版。
5. 刘俊主编:《劳动与社会保障法学》,高等教育出版社 2017 年版。
6. 郑尚元主编:《劳动与社会保障法学》,北京师范大学出版社 2010 年版。

12.2 养老保险法律制度

知识要点

12.2.1 养老保险的概念和特点

★ **养老保险的概念**

养老保险(又称年金保险),是指公民因年老或病残丧失了劳动能力、退出工作岗位后,从国家和社会获得物质补偿和帮助的一种社会保险制度。作为社会保险中的典型代表性保险项目,养老保险直接关系劳动者退出工作岗位后的基本生活。可以说,养老保险直接关系社会成员年老后的生活保障。

★ **养老保险的特点**

养老保险具有如下特点:

1. 补偿性

社会成员要享受养老保险待遇,必须先行缴费,社会成员在其工作岗位的期间,依法要缴纳养老保险费,在离开工作岗位(退休或退职)后就可以从养老保险经办机构处领取属于自己的退休金。在社会成员领取的养老保险金中,有一部分是自己所缴纳的保险费的返还,还有一部分是对社会成员为社会劳动作出贡献的回报。因此,养老保险带有补偿性质。

2. 广泛性

年老与失去劳动能力,是绝大多数社会成员必然经历的生命阶段,这是自然规律的体现。这也意味着,退出工作岗位对个人而言是不可避免的,因此,养老保险所保障的对象是所有的劳动者,并不进行某种选择和区分。尽管在不同国家、不同时期养老保险的范围不尽相同,但从发展来看,各国的养老保险都在逐步扩大至所有的劳动者。

12.2.2　我国现行的养老保险体系

★ 基本养老保险

基本养老保险是由国家组织实施的养老保险。基本养老保险关系我国广大劳动者退休后的基本生活保障问题,因此它一般通过国家制定的政策保障实施,具有强制性。20 世纪 90 年代之前,我国政府组织实施的是单一的企业养老保险制度。1991 年,国务院明确提出,我国要逐步建立多层次的养老保险体系。该体系中,处于最基本、最重要层次的就是基本养老保险制度。2010 年通过的《社会保险法》把基本养老保险的范围扩大到包括劳动者、城镇居民、农民、农民工、外国人在内的全体自然人。

★ 企业补充养老保险

企业补充养老保险,是由企业作为主要组织者和实施者的养老保险制度。[1] 具体而言,企业补充养老保险,是指国家出台相关的政策,指导企业建立的补充性养老保险制度,这一制度建立的关键是企业自身的经济效益及企业对其员工的福利待遇水平。企业补充养老保险既有国家政策的指导又有企业内部规定,在我国多层次养老保险体系中,它处在第二个层次。企业补充养老保险的保险费可以由企业和职工双方共同承担(承担比例由劳资双方通过协议进行确定),在经济实力较强、待遇较好的企业,保险费也可由企业全部承担。[2]

★ 个人储蓄性养老保险

在我国,个人储蓄性养老保险,是由劳动者自愿参加的一种养老保险制度。个人储蓄性养老保险的参与者可以自由选择保险的经办机构。实践中,多数个人储蓄性养老保险的参保者都会选择政府的社会保险经办机构。个人储蓄养老保险实施累计制,经办机构为每个参保者办理记名账户,参保者按规定缴纳保险费。个人储蓄养老保险账户可以异地转移,同时,作为参保者个人的财产,若参保者在领取保险金之前意外死亡,该账户内的本息作为遗产,由其指定的继承人继承,或由其

---

〔1〕 很多国家将企业补充养老保险称为"企业年金"。

〔2〕 参见 2004 年劳动和社会保障部公布的《企业年金试行办法》。

法定继承人继承。

12.2.3 养老保险基金的筹集

在我国,用于养老保险的实施及养老保险待遇支付的资金,主要来源于养老保险基金。养老保险基金的筹资渠道主要有三个:用人单位缴纳的养老保险费、劳动者缴纳的保险费以及国家的财政补贴。[1] 三个筹资渠道,所筹集的资金数额并不完全相同。用人单位缴纳养老保险费,是养老保险基金的主要来源,这部分费用在用人单位缴税之前提取,提取的数额依据是,一定比例的用人单位职工工资总额。用人单位缴纳养老保险费的比例由当地政府确定。

12.2.4 养老保险待遇的给付

养老保险待遇给付的条件,是指劳动者享有养老保险待遇的条件或依据。养老保险待遇给付条件主要包括达到退休年龄或丧失劳动能力。

除上述享受养老保险待遇给付的条件外,还有一种特殊的情况即退职,可以享受养老保险待遇。**退职是指虽然不满足退休的条件,但是满足一定的特殊条件,可以离开工作岗位,不继续工作,并开始享受养老保险待遇的给付。**[2]

法律与规范链接

▲ 必读法条

《社会保险法》第10~22条

《实施〈中华人民共和国社会保险法〉若干规定》第1~6条

国务院《关于建立统一的城乡居民基本养老制度的意见》

国务院《基本医疗保险基金投资管理办法》

延伸阅读

1. 郭捷主编:《劳动法与社会保障法》,法律出版社2016年第3版。

---

〔1〕 陈佳贵主编:《中国社会保障发展报告(1997-2001)》,社会科学文献出版社2001年版,第50页。

〔2〕 我国法律规定,退职的条件是,劳动者因工致残或患有职业病,经医院证明,并经劳动鉴定委员会确认完全丧失劳动能力。尽管不具备退休条件,应当退职。退职待遇是养老保险待遇的特殊形式。

2. 贾俊玲主编:《劳动与社会保障法》,中央广播电视大学出版社 2014 年版。
3. 郑功成:《社会保障学——理念、制度、实践和思辨》,商务印书馆 2000 年版。
4. 黎建飞主编:《社会保障法》,中国人民大学出版社 2015 年版。
5. [比]丹尼·皮特尔斯:《社会保障基本原理》,蒋月译,商务印书馆 2014 年版。
6. [法] 让-雅克·迪卢贝、爱克扎维尔·普列多:《社会保障法》,蒋将元译,法律出版社 2002 年版。

12.3　失业保险法律制度

知识要点

12.3.1　概述

★ 失业保险的概念

作为社会保险制度中的重要组成部分,失业保险,是指对因失业而暂时中断生活来源的劳动者,在法定期间内,获得用以维持其基本生活水平的失业保险金的一项社会保险制度。失业保险的所需资金来自失业保险基金。

★ 失业保险的特征

失业保险作为社会保险制度中不可或缺的组成部分,它有社会保险的共同性特征,即**社会性、互济性、补偿性和强制性**。此外,失业保险还有突出的自身特征,具体来说主要有以下几个方面:

(1)失业保险的适用对象为在劳动年龄范围内,具有就业意愿及劳动能力的劳动者;而其他种类的社会保险一般适用于全体劳动者。

(2)获得失业保险待遇的前提是劳动者失业;而获得其他类型社会保险待遇的前提是劳动者因暂时或永久丧失劳动能力,而失去生活来源。

(3)享受失业保险待遇有一定的期限,一旦超过法定期限,劳动者就不能再享受此待遇;而其他类别的社会保险并无此特殊的限制。

(4)失业保险不仅向失业者提供基本生活保障,而且,失业保险还承担促进就业的功能。失业保险促进就业的方式,主要是向失业者提供重新就业服务。相比之下,其他种类的社会保险并不具备此项促进就业的功能。

12.3.2　失业保险的对象和范围

★ 失业保险的对象

由于失业保险主要针对的是失业人群，而且是暂时性没有工资收入的失业者。根据劳动经济学的相关理论，失业的原因有很多种，因而失业也被划分为不同的类型。失业保险作为一种社会保险，其保障的对象是特定的，不是所有的失业者都能够纳入失业保险的覆盖范围。失业保险一般针对的是有固定性、正式性职业的劳动者。这一类的劳动者在失业之前，都有较为稳定的职业，他们只是暂时性失去了工作岗位，没有了工资收入。除此之外，对于职业较为不稳定，且没有正式工作的劳动者（如在非正规部门工作的临时工、季节性工作的工人、家庭佣人），一般不在失业保险的保障范围内。此外，公务员、有收入的个体经营者以及从学校毕业但未找到工作的高校毕业生，这三类人群也不是失业保险所保障的对象。但是应该注意到，随着社会经济的发展，对失业的概念与理解都在发生变化，因此失业保险所保障的对象也不是一成不变的。随着灵活用工以及非典型性劳动关系的发展，以及它们在社会经济发展中所起的作用日益重要，失业保险也在扩大保障范围，试图将这部分劳动者纳入保险的对象范围。[1]

我国失业保险的适用对象为失业者，**失业者需要具备一定的条件。从积极方面来说，该条件主要包括：达到法律规定的最低劳动年龄以及未超过法定退休年龄，非自愿失业；满足就业年龄或缴纳规定期限及数额的失业保险金；失业后已经办理失业登记并且具有劳动意愿及劳动能力。从消极条件来说，按照《失业保险条例》第15条的规定，失业保险有具体的不适用对象：重新就业的；应征服兵役的；移居境外的；享受基本养老保险待遇的；被判刑收监执行或者被劳动教养的；无正当理由，拒不接受当地人民政府指定的部门或者机构介绍工作的；有法律、行政法规规定的其他情形的。**

★ 我国失业保险的覆盖范围

失业保险保障的范围包括：**国有企业及其职工、企业化管理的事业单位及其职工、城镇所有企业事业单位及其职工。**2010年11月通过的《社会保险法》在《失业保险条例》的基础上，将失业保险的范围进一步扩大，以逐步推进我国失业保险制

---

〔1〕 20世纪60年代起，国际劳工组织通过了有关失业问题的决议，称为《就业公约》。现在国际劳工组织及一些发达国家对失业新的界定为：凡是达到一定年龄具有劳动能力，但没有职业或工作负荷达不到一定标准，而正在为获取收入寻找工作，并已向职业介绍机构登记者，皆为失业者，都是失业保险的对象。

度的完善。目前我国失业保险的范围已经扩展到了所有依法缴纳失业保险的劳动者。

12.3.3　失业保险金

★ 失业保险金的概念

失业保险金是指失业保险经办机构按规定支付给符合条件的失业人员的基本生活费用，它是最重要的失业保险待遇。我国建立失业保险制度以来，一直使用失业救济金的概念，后来改用失业保险金是为了与失业保险相对应，应当说失业保险金和社会救济金是两个完全不同的概念，建立失业保险基金是失业保险制度的重要内容。

★ 失业保险金的筹集方式

失业保险资金一般按照资金筹集与资金支出相平衡的基本原则来筹集，筹集的方式在多数国家是实行现收现付的方式。具体有以下几种情况：

(1)由政府、企业、被保险人三方共同负担，如日本、德国、加拿大等国家，其比例按照本国的社会保险政策而具体规定。

(2)由企业和被保险人分担，如法国、希腊、荷兰等国家采用该方式。

(3)由政府和企业双方分担，如美国(个别州除外)、意大利等国。

(4)全部由企业负担，如印度尼西亚。

(5)由全部由政府负担，如英国、澳大利亚、巴西、新西兰、卢森堡等国家。[1]

我国失业保险制度建立以来，一直实行基金制，其基金来源采用用人单位与个人缴费加财政补贴的方式。失业保险资金的特点是强制性，即国家以法律规定的形式向规定范围内的用人单位和个人征缴社会保险费，缴纳义务人必须履行缴费义务，否则构成违法行为，承担相应的法律责任。[2] 国家征收社会保险费后，不需要偿还，也不需要向缴费义务人支付任何代价。

★ 失业保险金的发放

失业保险金如何使用，关系到失业保险金的承受能力，也关系到失业保险功能能否正常发挥，许多国家都通过立法来规定失业保险金的支出项目，我国规定失业保险金的主要支出项目为：

---

〔1〕 黎建飞：《社会保障法》，中国人民大学出版社2015年版，第83页。

〔2〕 国家根据社会保险事业的需要，事先规定社会保险费的缴费对象、缴纳基数和缴费比例，在征收时不因缴费义务人的具体情况而任意调整，社会保险基金的使用，实行专款专用。

(1)失业保险金;

(2)缴纳基本医疗保险费;

(3)领取失业保险金期间死亡的失业人员的丧葬补助金和其供养亲属的供养的配偶、直系亲属和的抚恤金;

(4)领取失业保险金期间接受职业培训、职业介绍的补贴;

(5)国家规定或批准的与失业保险有关的其他费用。

★ 失业保险待遇的享受条件

1. 失业保险待遇的享受条件

我国法律规定,参加失业保险的城镇企业、事业单位职工失业后要领取失业保险金,必须符合以下条件:

(1)按照规定,参加失业保险,所在单位和本人已按规定履行缴费义务满1年。这是最主要的前提条件。按照规定,参加失业保险是指失业人员原来在用人单位工作,并非新生劳动力,如果缴费不满1年,失业后不能领取失业保险金。

(2)非因本人意愿中断就业。一般来讲,中断就业的原因有两种:非自愿中断就业以及自愿中断就业。非自愿中断就业,指劳动者本人没有中断就业的意愿,但是由于一些非本人所能控制的原因而被迫中断就业。自愿中断就业,即失业人员因自愿离职而导致失业。只有非自愿失业才能领取失业保险金,这是国际上大多数国家在失业保险立法中所遵循的一条基本原则,是为了杜绝有的职工故意失业而获取失业保险金。

(3)已办理失业登记,并有求职要求。[1]

2. 申领失业保险待遇的程序

失业人员申领失业保险待遇,应当按照一定的程序进行。职工失业后,应当由其失业前所在的用人单位,及时出具终止或解除职工劳动关系的证明,证明应当注明失业人员的姓名、年龄等基本情况,同时应写明解除或终止劳动关系的时间、原因等内容,并告知失业人员失业后可按照有关规定享受失业保险待遇。[2]按照我国法律规定,符合享受失业保险待遇的失业人员,其失业待遇的获得(主

---

〔1〕 办理失业登记是失业人员领取失业保险金的必经程序,目的是让政府掌握失业人员的基本情况,确认其资格。失业登记是失业人员进入申领失业保险待遇程序的重要标志。失业人员享受失业保险待遇,还需要有求职的要求,这是考虑到失业保险的一个重要功能,即促进失业人员的再就业。

〔2〕 用人单位还应将失业人员的名单自终止或解除劳动关系的15日内,报所在地的社会保险经办机构备案。失业人员应持本人的身份证明,以及原所在用人单位出具的终止或解除劳动关系的证明材料等,及时到失业保险关系所在地的社会保险经办机构办理失业登记手续。

要是失业金的领取)，自失业人员办理失业登记之日起计算，失业保险金按月发放。[1]

法律与规范链接

▲ **必读法条**

《社会保险法》第 44 ~ 52 条

《实施〈中华人民共和国社会保险法〉若干规定》第 13 ~ 15 条

《失业保险条例》

《失业保险金申领发放办法》

延伸阅读

1. 贾俊玲主编:《劳动法与社会保障法》，中央广播电视大学出版社 2014 年版。
2. 郭捷主编:《劳动法与社会保障法》，中国政法大学出版社 2016 年版。
3. 郑尚元主编:《劳动与社会保障法学》，北京师范大学出版社 2010 年版。
4. 黎建飞:《社会保障法》，中国人民大学出版社 2015 年版。
5. 黎建飞主编:《劳动法与社会保障法:原理、材料与案例》，北京大学出版社 2015 年版。

12.4　工伤保险法律制度

知识要点

12.4.1　概述

★ 工伤保险的概念

工伤保险又称职业伤害保险(职业伤害赔偿保险)，是指依法为生产、工作中遭受身体伤害，或在工作环境内罹患职业性疾病的劳动者提供医疗救治的经济性补偿，为工伤职工及其家属提供生活保障以及为工伤职工提供医疗康复等帮助的社

[1] 失业人员应在办理领取失业保险金的有关手续后，按规定的日期，凭有关证件及时到市社会保险经办机构领取失业保险金，或由社会保险经办机构开具单证，到指定的银行领取失业保险金。

会保险制度。劳动者的生命权和健康权是工伤保险制度建立的基础。工伤保险产生于现代工业化大生产的背景下，它借鉴了保险分散风险的“大数法则”，从而有效地帮助雇主（用人单位）分散了工业生产过程中所要面对的工伤风险。工伤保险在社会保险的各项目中，产生的时间较早，也是普及率较高、较为完善的一项社会保险制度。

★ **工伤保险的特点**

工伤保险具有以下特点：

（1）**工伤保险的对象范围是特定的，它主要保障在劳动生产过程中的劳动者。**人类进入大工业时代以后，工业生产造成的事故及其给劳动者带来的伤害，几乎伴随着工业生产的整个过程。这类事故与伤害在很多情况下，几乎无法预防亦无法避免，劳动者迫切需要一种制度，来保障自己的生命健康安全。工伤保险作为一项帮助劳动者抵御工业风险的社会保险项目应运而生。劳动者遭受工业生产所导致的伤害以及疾病时，都应当及时获得工伤保险待遇的保障。

（2）**工伤保险具有赔偿性。**工业生产造成的事故及其给劳动者带来的伤害，直接损害的是职工的生命健康。不仅如此，工伤还会给遭受工伤的职工及其家庭成员带来程度不一的经济损失。遭受工伤事故的劳动者，其本人的生命健康权、劳动权会受到一定程度的损害，更有甚者，工伤事故还会危及其本人及其家属的生存权。工伤保险的存在，有效地补偿了因工伤给劳动者及其家属带来的损失，这一点与其他社会保险项目有所区别——大多数的社会保险项目都是为了保障社会成员的基本生活，其中并没有像工伤保险这样，带有强烈的赔偿性目的。

（3）**工伤保险遵循无过错责任原则。**工伤保险的无过错责任原则主要针对的是发生工伤事故职工所属的用人单位（雇主）。工业事故发生后，无论其责任人是用人单位（雇主）、职工本身（雇员）抑或第三人，都是由用人单位承担保险责任。

（4）**工伤保险中保险费用缴费主体的单一性。**在工伤保险中，用人单位（雇主）是唯一的保险费用缴费主体。这一点与医疗保险、养老保险等社会保险制度有较大区别。工伤保险是用人单位（雇主）对其职工（雇员）所负有的一种雇主责任，因此，用人单位的职工（雇员）不负担缴纳保险费的义务。

（5）**工伤保险的待遇优厚性。**遭受工伤的职工（雇员），可能会长时期或永久性地失去劳动能力，在这种情况下，工伤保险待遇必须考虑到他本人及其赡养家属今后的生活保障问题。因此，工伤保险与其他社会保险相比，待遇要相对优厚。在工伤保险中，因为工伤事故的大小不一，遭受工伤的职工伤残等级也有不同，工伤保险具体的待遇标准,会因此有所差别。

12.4.2 我国工伤保险的覆盖范围

根据《工伤保险条例》的规定,**工伤保险的覆盖范围因用人单位性质的不同而有所不同。**

(1)**所有的企业以及有雇工的个体工商户。**这一类用人单位**必须都缴费参加工伤保险。**因为这些单位的工伤风险相对较高,而这些企业的雇主承担风险的能力较低,必须参加工伤保险方可有效保障此类用人单位职工的生命安全。

(2)国家机关。**国家机关一般不参加工伤保险。**[1] 国家机关的所有费用支出一般都来源于国家财政,社会保险方面也自成体系。

(3)**事业单位与社会团体。**这些单位的情况较为复杂,大体**可以划分为两种情况:一种是需要参加工伤保险;另一种是不需要参加工伤保险。**[2]

(4)**民办非企业单位。**这些单位**不参加**工伤保险。[3]

12.4.3 工伤和职业病的认定

★ 工伤的认定

工伤是指劳动者(职工)在劳动过程中因执行职务或业务而受到的意外伤害。我国法律规定了工伤认定的具体情形,以及视同工伤的三种情形。[4] 此外,我国《社会保险法》和《工伤保险条例》还规定了**职工因故意犯罪、醉酒、吸毒、自残或者自杀等行为,导致本人工作中伤亡的,不得认定为工伤。**

---

[1] 《工伤保险条例》第65条规定,公务员和参照公务员法管理的事业单位、社会团体的工作人员因工作遭受事故伤害或者患职业病的,由所在单位支付费用。具体办法由国务院社会保险行政部门会同国务院财政部门规定。

[2] 同上注。

[3] 民办非企业单位,实行与不依照或者不参照公务员进行人事管理的事业单位、社会团体相同的办法,以体现待遇平等的原则。

[4] 参见《工伤保险条例》第14条与第15条的规定。职工有下列情形之一的,应当认定为工伤:在工作时间和工作场所内,因工作原因受到事故伤害的;工作时间前后,在工作场所内,从事与工作有关的预备性或者收尾性工作受到事故伤害的;在工作时间和工作场所内,因履行工作职责受到暴力等意外伤害的;患职业病的;因公外出期间,由于工作原因受到伤害或是发生事故下落不明的;在上下班途中,受到非本人主要责任的交通事故,或者城市轨道交通、客运轮渡火车的事故伤害的;法律、行政法规规定的应当认定为工伤的其他情形。

职工有下列情形之一的,视同工伤:在工作时间和工作岗位突发疾病死亡,或者在48小时之内应经抢救无效死亡的;在抢险救灾等维护国家利益、公共利益活动中受到伤害的;职工原在军队服役,因战、因公致残,已取得革命伤残军人证,到用人单位后旧病复发的。

★ 职业病的认定

职业病是指用人单位（企业、事业单位和个体经济组织等）中的劳动者，在职业活动中因接触粉尘、放射性物质或其他有毒有害因素而引起的疾病。由于职业病的产生是基于劳动职业的危害性，以及劳动安全卫生条件不符合标准，所以职业病同工伤事故一样，应由用人单位对职业病患者承担赔偿责任。基于这一认识，各国都把职业病视为工伤保险的保险事故。

职业病基本上表现为一种慢性伤害，因而在具体实践中比工伤更难认定。**认定职业病的前提是，职工所患疾病必须与生产劳动直接相关。**此外，职业病的鉴定一般都需要借助现代医疗技术进行检测，在此基础上，还要结合患者的病因、病种和职业接触史等方面因素进行。因而，职业病的范围在各国均由相关法律法规直接规定，只有列入法规或法定部门所规定职业病名单的疾病，才是法律上认可的职业疾病。

★ 工伤或职业病的认定程序

工伤以及职业病的认定必须经过法定的程序，这是工伤保险对于程序性要求的具体体现。工伤及职业病的认定，主要经过三项程序：

（1）工伤及职业病的申请与受理；

（2）相关社会保险行政部门对工伤及职业病的审查；

（3）相关社会保险行政部门对工伤及职业病的最终认定。

12.4.4　工伤保险基金的筹集

工伤保险中保险费用的缴纳，主要由用人单位完成。因此，工伤保险基金筹集的最主要渠道来源于用人单位。工伤保险基金主要由三大部分构成：

（1）用人单位所缴纳的工伤保险费。

（2）用人单位缴纳的工伤保险费用所产生的利息。

（3）根据相关法律规定纳入工伤保险基金的其他资金。

工伤保险中，保险的费率依照“以支定收，收支平衡”的原则确定。根据相关规定，不同行业之间施行差别费率，因为工业风险与工伤风险会因行业的不同而有所区别。[1]

---

〔1〕 工伤保险的费率，根据工伤保险费使用、工伤发生率等情况在每个行业内确定若干费率档次。行业差别费率及行业内费率档次由国务院社会保险行政部门规定，报国务院批准后公布施行。用人单位应当按照本单位职工工资总额，根据社会保险经办机构确定的费率缴纳工伤保险费。

12.4.5　工伤保险待遇的项目

工伤事故造成的后果主要有:职工受伤、职工患职业病、职工残疾或者死亡。因为工伤事故造成的后果各有不同,工伤待遇的标准亦有所不同。一般而言,工伤待遇主要分为工伤医疗期间保险待遇和工伤伤残待遇。

★ 工伤医疗期间保险待遇

职工因工作遭受事故、伤害或者患职业病进行治疗,享受工伤医疗待遇。工伤医疗待遇的内容包括:

(1)工伤保险基金支付部分。主要包括符合法律法规规定的治疗工伤所需费用;符合规定的遭遇工伤事故的工伤职工到指定机构进行医疗康复的费用;符合规定的职工在工伤治疗期间的伙食补助费、交通费、食宿费等。[1]

(2)工伤职工所在单位支付部分。[2] 职工遭受工伤事故或患职业病需要停薪留职的情况;职工遭受工伤事故或患职业病停薪留职期满,仍无法工作的情况;职工遭受工伤事故或患职业病后生活无法自理的情况。

★ 劳动能力鉴定

发生工伤事故的职工,对其劳动功能和生活自理障碍的程度,都有相应的认定标准,比照认定标准对劳动者所遭受的伤害进行鉴定的过程,就是劳动能力标准鉴定。一般而言,当遭受工伤事故的职工经过治疗,伤情病情相对稳定后,应当进行工伤劳动能力鉴定。[3] 劳动功能障碍分为十个伤残等级,最重的为一级,最轻的为十级。生活自理障碍分为三个等级,即生活完全不能自理、生活大部分不能自理和生活部分不能自理。

---

〔1〕 工伤保险基金支付的内容包括:符合工伤保险诊疗项目目录、工伤保险药品目录、工伤保险住院服务标准的治疗,职工住院治疗的工伤的伙食补助费,以及经医疗机构出具证明报经办机构同意、工伤职工到统筹地区以外就医所需的交通及食宿费用,符合规定的工伤职工到签订服务协议的医疗机构进行工伤康复的费用。

〔2〕 由工伤职工所在单位支付的项目和标准包括:职工因工作遭受事故伤害或者患职业病需要暂停工作,接受工伤治疗的,在停工留薪期内,原工资福利待遇不变,由所在用人单位按月支付。停工留薪期一般不得超过 12 个月。伤势伤情严重或者情况特殊,经设区的市级劳动能力鉴定委员会确认可适当延长,但延长不得超过 12 个月;工伤职工在停工留薪期满后仍需治疗的,继续享受工伤医疗待遇;生活不能自理的工伤职工,在停工留薪期内需要护理的,由所在单位负责。

〔3〕 劳动能力鉴定标准由国务院所属的劳动保障行政部门会同国务院所属的卫生行政部门等部门共同制定。劳动能力鉴定的申请,由用人单位工伤职工或者其直系亲属向设区的市级劳动能力鉴定委员会提出,并提供工伤认定决定和职工工伤医疗的有关资料。

★ 工伤伤残待遇

工伤伤残待遇具体分为两类：一是工伤保险待遇，工伤职工经劳动能力鉴定后，被评定为残疾后，享受工伤保险待遇。二是工亡待遇，即职工因工死亡的情况下，其直系亲属享受法律所规定的相关待遇（主要有三大部分，即丧葬补助金、供养亲属抚恤金和一次性工亡补助金），工亡待遇由工伤保险基金支付。

法律与规范链接

▲ 必读法条

《社会保险法》第33～43条

《实施〈中华人民共和国社会保险法〉若干规定》第9～12条

《工伤保险条例》

人力资源与社会保障部《关于执行〈工伤保险条例〉若干问题的意见》

人力资源与社会保障部《关于执行〈工伤保险条例〉若干问题的意见（二）》

《工伤认定办法》

《职业病诊断与鉴定管理办法》

延伸阅读

1. 郭捷主编：《劳动法与社会保障法》，中国政法大学出版社2016年版。

2. 蒋月主编：《劳动法与社会保障法》，浙江大学出版社2010年版。

3. 杨燕绥主编：《社会保障法学》，人民出版社2012年版。

4. 王广彬主编：《社会保障法》，中国政法大学出版社2009年版。

5. 郑尚元主编：《劳动与社会保障法学》，北京师范大学出版社2010年版。

6. 黎建飞主编：《劳动法与社会保障法：原理、材料与案例》，北京大学出版社2015年版。

7. 黎建飞：《社会保障法》，中国人民大学出版社2015年版。

12.5 生育保险

知识要点

12.5.1 生育保险的概念及特征

★ 生育保险的概念

生育保险是指国家通过立法，对因怀孕、分娩而暂时失去劳动能力的女职工给予生活保障和物质帮助的一种社会保险制度。

★ 生育保险的特征

生育保险相比于其他社会保险具有显著的特征：

(1)**享受生育保险的对象主要是女职工**，生育保险是为女职工专门建立的社会保险项目，因而享受待遇的人群相对比较窄。[1]

(2)**生育保险为女职工生育子女的全过程提供物质帮助。**[2]

(3)**生育保险是对女职工合法生育而进行的一项社会保险。**

(4)**无论女职工妊娠结果如何，均可以按照规定得到补偿。**[3]

(5)**产假有固定要求。**[4]

(6)**生育保险待遇有一定福利性质，生育期间的经济补偿一般高于养老、医疗等保险。**[5]

★ 生育保险的对象

根据《社会保险法》的规定，只要与用人单位签订劳动合同或建立劳动关系，不

---

〔1〕 随着社会经济的进步与发展，有些地区允许在女职工生育后，给予其配偶一定的假期照顾妻子，并发给假期工资；还有些地区为男职工的配偶提供经济补助。

〔2〕 生育期间的医疗服务主要以保健、咨询、检查为主，与医疗保险提供的医疗服务以治疗为主不同，生育期间的医疗服务侧重于指导孕妇处理好工作与休养的关系，使他们能够顺利地度过生育期。

〔3〕 也就是说，无论胎儿存活与否，产妇均可以享受到有关的待遇，包括流产、引产以及胎儿和产妇发生意外等情况，都应该享受到生育保险待遇。

〔4〕 《女职工劳动保护特别规定》第 7 条规定，产假要根据生育期安排，分产前和产后，产前假期不能提前或推迟使用，产假也必须在生育期间享受，不能积攒到其他时间享受。各国规定的产假期限不同，我国规定的正常产假为 98 天。

〔5〕 生育保险提供的生育津贴一般为生育女职工的原工资水平，这一待遇水平也高于其他保险。此外，在我国，职工个人不缴纳生育保险费，而是由参保单位按照其工资总额的一定比例缴纳。

分男女，均应参加生育保险。[1] 男职工也可以参保生育保险，参保后，其配偶的计划生育手术费用可以按规定报销；也可以在享受晚育奖励假期间领取生育津贴，但晚育奖励假期只能由夫妻双方一方享受，妻子享受了晚育奖励，丈夫就不能享受。

12.5.2 生育保险基金

★ 生育保险基金的概念

生育保险基金是指**专门为生育职工支付生育保险待遇的资金来源。生育保险基金主要由职工所在单位缴纳，职工个人不缴纳生育保险费。生育保险和国家计划生育政策相关联，因此预见性强，风险不大，生育保险基金以收支基本平衡为目标，一般不留有大量结余。**

★ 生育保险基金资金的筹集

生育保险所需的资金，由企业按不超过工资总额的1%的比例向社会保险经办机构缴纳，职工个人不缴费。

12.5.3 生育保险享受的待遇

★ 生育保险待遇的概念

生育保险待遇是指女职工因生育子女而导致暂时的劳动中断，国家为了保障其在孕产期的基本生活，按照相关法律法规的规定，给予的物质补偿。

★ 享受生育保险待遇的条件

女职工享受生育保险待遇的条件为：

（1）**符合国家计划生育政策生育。**

（2）**所在单位按照规定参加生育保险，并为该职工按时足额缴纳了生育保险费。**

★ 生育保险待遇的内容

生育保险待遇主要包括三个方面的内容，即产假、生育津贴以及医疗服务。

---

〔1〕 生育保险的对象主要为职业女性，但也不限于女性，也包括符合条件的女职工配偶。社会保险中的生育保险是由国家强制险参保的，不分男女，旨在为职工提供保障。根据规定，男职工享受生育保险需要满足以下条件：配偶是城镇户口的，需提交失业证或居住地居委会的无工作单位证明，以及社会保障经办机构规定的相关资料；是农村户口的，必须提交其居住地村委会出具的无工作证明和规定的相关资料。

（1）产假。产假是指职业女性在分娩前后的一段时间内所享受的带薪假期。[1] 生育保险的设置，主要的目的在于为生育女职工身体及生产力恢复提供物质保障与条件。同时，能够让职业女性有必要的时间照顾刚出生的婴儿。

（2）生育津贴。生育津贴是指给予生育期间的职业女性定期的现金补贴。生育是女性的一种正常生理现象，在一定时期内，职业妇女必须休养身体，停止工作，因此在收入方面会受到严重影响。为了帮助职业女性度过这一段特殊时期，生育保险所提供的生育津贴，会给职业女性以现金补助，弥补职业女性因生育所造成的工资收入的减少。[2]

（3）医疗服务。医疗服务，是指由医院、医生或助产士为职业女性提供的妊娠、分娩和产后的医疗照顾。这一系列医疗照顾通常涵盖了怀孕女性必需的住院治疗、定期对孕妇进行的体检以及怀孕到分娩过程中一些特殊医疗服务（以了解孕妇身体健康状况和胎儿成长情况）。[3]

法律与规范链接

▲ 必读法条

《社会保险法》第53～56条

《企业职工生育保险试行办法》

人事部《关于机关、事业单位女职工产假期间工资计发问题的通知》

---

〔1〕 根据《劳动法》第62条的规定，女职工生育享受不少于90天的产假。产假一般从分娩前半个月至产后两个半月，晚婚晚育者，可前后延长至四个月。2012年通过的《女职工劳动保护特别规定》第7条将女职工的生育产假规定为98天。

〔2〕 生育津贴按收入的一定百分比支付，各国在制定生育津贴标准时，一般都采取较优惠的政策。不少国家规定生育津贴相当于女性劳动者生育前原工资的100%，有些国家或地区规定不低于原工资的2/3。我国生育津贴的支付方式和支付标准分为两种情况：其一，实行生育保险社会统筹的地区，支付标准按本企业上年度职工月平均工资的标准支付，期限不少于90天；其二，在没有开展生育保险社会统筹的地区，生育津贴由本企业或单位支付，标准为女职工生育之前的基本工资和物价补贴。

〔3〕 根据国务院《女职工劳动保护特别规定》以及劳动部《关于女职工生育待遇若干问题的通知》，女职工怀孕期间的检查费、接生费、手术费、住院费和药费，由所在单位负担，产假期间工资照发。

延伸阅读

1. 郭捷主编:《劳动法与社会保障法》,中国政法大学出版社 2016 年版。
2. 黎建飞主编:《社会保障法》,中国人民大学出版社 2015 年版。
3. 贾俊玲主编:《劳动法与社会保障法》,中央广播电视大学出版社 2014 年版。
4. 王广彬主编:《社会保障法》,中国政法大学出版社 2009 年版。
5. 郑尚元主编:《劳动与社会保障法学》,北京师范大学出版社 2010 年版。
6. 杨莲秀主编:《社会保障法》,北京大学出版社 2011 年版。

12.6 医疗保险法律制度

知识要点

12.6.1 概述

★ 医疗保险的概念

医疗保险是指补偿参保人因疾病所花费的医疗费用的一种社会保险。医疗保险的**专业性较高**,政府一般会**指定特定的机构经办**,医疗保险的资金来源于医疗保险基金。医疗保险作为一种社会保险,通常带有**强制性**,通过法律法规或政策的规定要求公民参与,**但在一些情况下,医疗保险也可以通过自愿缔结医疗保险合同的形式参与。**

★ 医疗保险的特点

医疗保险除了社会保险强制性、互济性的一般性特点之外还具有以下特点:

(1)**医疗保险具有交叉性**,是指医疗保险涵盖了其他社会保险形式的内容,如在养老保险与工伤保险中,都有医疗费用的补偿和疾病津贴的内容,这些内容都与医疗保险有交叉。

(2)**医疗保险具有补充保险的特点**,这一特征与医疗保险的交叉性有一定的关联。虽然医疗保险与其他社会保险形式有交叉,但是,其他社会保险有其自身所不能保障的风险(如工伤保险无法涵盖非工伤领域的疾病,养老保险无法包括非养老期间的疾病保障),医疗保险所包含的内容起到了兜底保障的作用。正是因为医疗保险在疾病保险范畴的广泛性,使社会保险呈现出严密的体系性。

(3)医疗保险**带有一定的福利性质**。大多数国家医疗保险的保障对象是全体社会公民。医疗保险的保险范围,不因公民的职业、性别、户籍等因素而排除在医疗保险范围之外。这是因为,疾病是每一个公民都要面对的自然现象,不是人自身可以控制的。因此,出于保障公民基本权利的目的,医疗保险的覆盖范围较为全面。虽然也要考虑医疗保险基金的收支平衡,但更多的是追求医疗保险的应保尽保。

12.6.2　城镇职工基本医疗保险制度

★ 城镇职工基本医疗保险制度概述

城镇职工基本医疗保险,是为补偿用人单位的劳动者因疾病风险遭受经济损失而建立的一项社会保险制度。城镇职工基本医疗保险的资金来源于用人单位和职工(雇员)缴纳医疗保险费所形成的医疗保险基金。属于城镇职工基本医疗保险参保范围内的职工,患病就医所发生的医疗费用,可以通过社会保险经办机构的报销,得到一定比例的补偿。这在很大程度上减免了劳动者在疾病治疗时所面对的经济风险。

★ 城镇职工基本医疗保险覆盖范围

作为我国社会保险制度中覆盖范围最广的险种之一,**医疗保险的覆盖范围较为广泛。**其中,**医疗保险的三大分类所覆盖的人群各有不同。城镇职工医疗保险主要覆盖了城镇内所有用人单位的职工。**[1]

★ 城镇职工基本医疗保险缴费办法

城镇职工基本医疗保险所需要的费用,一般**由用人单位和职工共同缴纳。**用人单位与职工按照一定的比例缴纳医疗保险费。[2] 在确定缴费比例后,职工个人的缴费部分,一般由用人单位从职工工资中代扣代缴。

★ 城镇职工基本医疗保险统筹基金和个人账户

按照国务院的相关规定,作为医疗保险主要资金来源的基本医疗保险基金,主要由两大部分组成,即统筹账户基金和个人账户基金。统筹账户内基金来源于用人单位所缴纳的医疗保险费。个人账户基金来源于两大部分:其一,职工个人缴纳的医疗保险费;其二,从用人单位所缴纳的医疗保险费中,提取一定比例的资金,存

---

〔1〕 具体包括:企业、机关事业单位、社会团体以及民办非企业单位。企业的范围主要有:国有企业、集体企业、外商投资企业、私营企业等。乡镇企业及其职工、城镇个体经济组织业主及其从业人员是否参加基本医疗保险,由各省、自治区、直辖市的人民政府确定。

〔2〕 一般而言,用人单位的具体缴费比例,应当占其职工工资总额的6%左右;对职工个人而言,这一比例应控制在本人工资收入的2%以内。这一比例也不是一成不变的,随着经济社会的发展,缴费比例可以作适当的调整。

入职工个人账户基金。[1]

12.6.3　城镇居民基本医疗保险制度

城镇居民基本医疗保险建立后，在很大程度上解决了城镇职工基本医疗保险无法覆盖未成年人和非城镇从业居民的问题。到目前为止，城镇居民基本医疗保险已经实现了全国范围内的全覆盖。

★ 城镇居民基本医疗保险的参保范围

城镇居民基本医疗保险，在很大程度上补充了城镇职工基本医疗保险所留有的制度空白。不属于城镇职工基本医疗保险制度覆盖范围的非从业城镇居民，是城镇居民基本医疗保险的主要保障对象。此外，各阶段的在校学生，也可以自愿参加城镇居民基本医疗保险。[2]

★ 城镇居民基本医疗保险的费用支付

城镇居民基本医疗保险实施个人缴费为主、政府补助为辅的缴费方式。政府补助城镇居民医疗保险，其中最主要的原因在于，从经费方面切实帮助城镇居民医疗保险基金的建立，并鼓励没有医疗保险的城镇居民积极参加城镇居民基本医疗保险。在城镇居民基本医疗保险中，基金的使用有一定的侧重点，参保居民的住院和大病门诊的医疗支出，是该类医疗保险保障的重点。但是，很多经济条件较好的地区，已经开始将普通门诊纳入了城镇居民医疗保险的报销范围，[3]城镇居民医疗保险的保障范围与保障项目，在未来还会有扩大的空间。

12.6.4　新型农村合作医疗保险制度

★ 新型农村合作医疗保险制度的概念

新型农村合作医疗（以下简称新农合），是指由政府组织并引导支持农民自愿参加的农民医疗互助共济制度。新农合的资金来源于农民个人、农村集体和政府多方缴费所形成的新农合基金。农村合作医疗保险借鉴了我国农民自发组织建立

---

[1] 划入个人账户的比例，由统筹地区根据个人账户的支付范围和职工年龄等因素确定。职工个人医疗保险账户的本金和利息均归职工个人所有，可以结转使用和继承。因此，参加基本医疗保险的职工死亡后，其个人医疗账户原有余额的，可作为遗产，由其亲属按继承法的规定实施继承。

[2] 各阶段的在校学生主要指中小学阶段的学生、职业高中、中专技校学生、大学生以及少年儿童等。

[3] 城镇居民基本医疗保险基金的使用，要坚持“以收定支，收支平衡”的原则。要合理制定城镇居民基本医疗保险基金的起付标准，支付比例和最高支付限额，完善支付方法，合理控制医疗费用。其他医疗费用可以通过补充医疗保险、商业健康保险、医疗救助和社会慈善捐助等方式解决。

的互助共济形式的医疗保险制度。随着新农合的建立与广泛开展,持有农业户口的农村居民,在医疗费用的分担、基本医疗服务的享有以及医疗保健的享受方面都得到了真正的实惠。随着新农合的开展与完善,政府与农村居民都已感受到,新农合在防止因病致贫、因病返贫方面起着不可替代的作用。

★ 建立新型农村合作医疗保险制度应遵循的原则

根据《中共中央、国务院关于进一步加强农村卫生工作的决定》,建立新农合制度要遵循以下原则:

(1)自愿参加,多方筹资。新农合的参保形式是以农村居民的家庭为单位,按照自愿原则,各农村家庭自愿参加新农合,按时、足额缴纳医疗保险经费。[1]

(2)以收定支,保障适度。新农合制度,要坚持以基金收入的数额,确定基金支出的额度,收与支之间必须保持平衡。这一原则要求,在保障农村居民享受基本医疗服务,减轻农村家庭的疾病治疗的负担的基础上,还要保证新农合制度的持续性与有效性。

(3)先行试点,逐步推广。新农合制度是通过建立试点的方式,在不断总结实践经验的基础上逐步推开的。随着我国农村地区经济的不断发展,农民生活水平的不断提高,新农合制度应当逐步提高其保险待遇水平,以进一步落实农村居民医疗保障的权益。

法律与规范链接

▲ 必读法条

《社会保险法》第 23 ~ 32 条

《实施〈中华人民共和国社会保险法〉若干规定》第 7 条、第 8 条

《国务院办公厅关于全面实施城乡居民大病保险的意见》(国办发〔2015〕57 号)

《人力资源和社会保障部关于进一步做好基本医疗保险异地就医医疗费用结算工作的指导意见》(人社部发〔2014〕93 号)

---

〔1〕 按照现行新农合政策的相关规定,乡镇、村集体要给予新农合参保人以资金扶持,中央和地方各级财政每年要安排一定专项资金予以支持。

延伸阅读

1. 郭捷主编:《劳动法与社会保障法》,法律出版社 2016 年第 3 版。
2. 贾俊玲主编:《劳动与社会保障法》,中央广播电视大学出版社 2014 年版。
3. 杨燕绥主编:《社会保障法学》,人民出版社 2012 年版。
4. 王广彬主编:《社会保障法》,中国政法大学出版社 2009 年版。
5. 黎建飞主编:《社会保障法》,中国人民大学出版社 2015 年版。
6. 杨德敏主编:《劳动法与社会保障法研究》,复旦大学出版社 2015 年版。
7. 刘俊主编:《劳动与社会保障法学》,高等教育出版社 2017 年版。

第 13 章　社会保障分论二

教学目标

识记和理解社会救助的概念和功能；
识记和了解社会救助的原则、对象和资金来源；
了解最低生活保障制度及专项救助制度的内容；
理解社会福利的种类及内容。

推荐参考资料

1. 贾俊玲主编:《劳动法与社会保障法》,中央广播电视大学出版社 2014 年版, 第十二章至第十五章。
2. 郭捷主编:《劳动法与社会保障法》,法律出版社 2016 年第 3 版,第九章至第十三章。
3. 刘俊主编:《劳动与社会保障法学》,高等教育出版社 2017 年版,第七章。
4. 杨德敏主编:《劳动法与社会保障法研究》,复旦大学出版社 2015 年版,第六章至第十章。
5. 王广彬主编:《社会保障法》,中国政法大学出版社 2009 年版,第四章、第五章、第七章、第八章。
6. 杨燕绥主编:《社会保障法学》,人民出版社 2012 年版,第三章、第四章。
7. 林嘉主编:《社会保障法学》,北京大学出版社 2012 年版,第四章至第七章,第十一章至第十三章。
8. 黎建飞主编:《劳动法与社会保障法:原理、材料与案例》,北京大学出版社 2015 年版,第十一章、第十三章至第十五章。
9. 郑功成主编:《中国社会保障改革与发展战略》(救助与福利卷),人民出版社 2011 年版,第一编至第三编。
10. 朱勋克:《社会救助法新论》,中国社会出版社 2015 年版,第一章至第三章。
11. 黎建飞主编:《社会保障法》,中国人民大学出版社 2015 年版,第四章、第五章,第七章至第九章。

13.1　社会救助法律制度

知识要点

13.1.1　概述

★ 社会救助的概念

社会救助，是指国家或其他社会主体对于遭受自然灾害、失去劳动能力或者其他低收入公民给予的物质帮助或精神救助，以维持其基本生活需求，保障其最低生活水平的一项社会保障法律制度。[1] 社会救助是最古老的社会保障形式，在调整社会资源配置、矫正市场失灵、实现社会公平、维护社会稳定等方面发挥着重要的不可替代的作用。

★ 社会救助的功能

(1)**有助于帮助公民减轻或摆脱贫困。**社会救助通过采取最低生活保障和其他专项救助相结合的救助措施，可以帮助处境困难的社会成员减轻他们的贫困程度。同时，可以帮助他们摆脱贫困的处境，改善他们的生活条件，提高他们的生活质量。

(2)**有利于社会稳定。**社会救助本身也是一种社会收入再分配的手段，社会救助措施不仅保障了处于贫困境遇公民的生存权，稳定了他们的心理状态，而且还调节了社会收入分配的差距，缓解了因社会收入分配不公引发的社会矛盾，减少社会不安全因素，为社会稳定与和谐创造条件。

(3)**有益于促进生产力的发展。**劳动力的数量和质量都是生产力发展决定性的因素，社会救助可以为劳动力的生存和再生产创造必要的环境和条件，帮助提高劳动力的素质，从而有利于社会生产力的发展。

★ 社会救助的原则、对象和资金来源

1. 社会救助的原则

(1)**反贫困原则。**现代国家一般把反贫困作为社会救助的首要原则，社会救助的目的就是在较短的时期内消灭绝对贫困现象，并且最大限度地减轻相对贫困。

(2)**保障生存权原则。**生存权是基本的人权，在现代国家，公民因难以维持最

[1] 林嘉主编：《社会保障法学》，北京大学出版社 2012 年版，第 245 页。

低生活标准而向国家和社会寻求社会救助,是生存权的最重要体现。此外,一旦公民在符合社会救助的条件下得不到社会救助,有依法申诉和诉讼的权利。

(3)**积极救助的原则**。社会救助要坚持把救助和自力更生有机地联系起来:一方面是被救助者通过自己的劳动获得救助,维护被救助者的人格尊严;另一方面,通过救助可以使被救助者实现自身的发展,从而摆脱贫困。

2. 社会救助的对象

社会救助的对象一般按照定量和定性相结合的办法来确定。定量的办法,就是首先确定一个统一的标准,这个标准就是最低生活水平线(或者国际上称为贫困线)。凡是生活在法定最低生活水平线和低于这个最低生活水平线的社会成员和家庭,即为社会救助的对象。然后再通过定性的方法,对不同能力和不同需要的救助对象进行分类。根据造成贫困的原因,可以把社会救助的对象分为:无依无靠没有生活来源的社会成员,突发性灾害造成生活一时拮据的公民,有收入来源但生活水平低于或仅相当于国家法定最低生活标准的公民。根据公民的群体属性的不同,社会救助对象还可以划分为儿童、老人、残疾人、失业者和不幸者。

3. 社会救助的资金来源

近年来社会救助资金来源呈现出多元化的趋势,但它的主要来源有国家财政拨款和社会捐助(国际援助),由社会救助基金所产生的基金收益,也是社会救助资金的主要来源之一。

13.1.2 社会救助法律制度的内容

★ 最低生活保障制度

1. 最低生活保障制度的概念

最低生活保障制度是社会救助法律制度中最为重要的制度之一。最低生活保障制度简称**"低保",是国家为了保障公民基本生存权而设立的制度,当公民的生活水平低于最低生活保障线时,有权依照法定的程序和标准从国家或政府得到救助**。获得救助是公民的一项基本权利,设立最低保障制度的目的是**保障公民的基本生存权**。

最低生活保障制度是社会救助的核心内容,2014年以前,我国没有全国统一适用的最低生活保障制度。[1] 2014年以后,我国的最低生活保障制度在形式方面实

---

〔1〕 2014年以前,我国的最低生活保障制度,分为城市居民和农村居民的最低生活保障制度两大部分,并由《城市居民最低生活保障条例》和《国务院关于在全国建立农村最低生活保障制度的通知》等分别加以规定。2014年颁布的《社会救助暂行办法》,在形式上对我国最低生活保障制度作了统一的规定,这符合国民待遇平等的原则。

现了统一，这为我们立足于城乡一体化的理念、认识最低生活保障制度提供了基础条件。

2. 最低生活保障的保障对象

户籍状况、家庭收入和家庭财产是认定最低生活保障对象的三个基本条件，为此《社会救助办法》第 9 条规定，国家对共同生活的家庭成员，人均收入低于当地最低生活保障标准，且符合当地最低生活保障家庭财产状况规定的家庭，给予最低生活保障。

3. 最低生活保障的保障标准

根据《社会救助暂行办法》第 10 条规定，最低生活保障的标准由当地政府按照当地居民生活必需的费用进行确定。这一标准也不是固定不变的，随着物价的变化与当地社会经济发展水平的变化，应当作出适当的调整。[1] “当地”一般指各个不同“城市”和县政府所在的城镇。据此可以看出，影响最低生活保障标准制定的因素主要有两个：一是基本生活费支出水平，二是当地财政的承受能力。

4. 最低生活保障的保障资金

最低生活保障所需资金由地方政府列入财政预算，纳入社会救助专项资金支出项目，专项管理，专款专用。国家鼓励社会组织和个人为最低生活保障者提供捐赠资助，财政部门、审计部门依法监督最低生活保障资金的使用情况。

★ 专项救助制度

1. 医疗救助制度

(1) 医疗救助的概念

医疗救助，是指国家和社会针对那些因为贫困而没有经济能力进行疾病治疗的公民，实施专门的帮助和支持的救助项目。[2]

(2) 医疗救助的救助对象

根据《社会救助暂行办法》及相关法律的规定，医疗救助对象必须同时符合以下条件：必须为贫困人员，必须为疾病患者，必须无力支付医疗费用。[3]

---

〔1〕《社会救助暂行办法》第 10 条规定，最低生活保障标准，由省、自治区、直辖市或者设区的市级人民政府按照当地居民生活必需的费用确定、公布，并根据当地经济社会发展水平都和物价变动状况适时调整。

〔2〕周德民、邹文开、刘志红主编：《社会保障概论》，中国轻工业出版社 2008 年版，第 100 页。

〔3〕医疗救助保障的对象具体包括：最低生活保障家庭成员，无劳动能力、无生活来源且无法定赡养、抚养、扶养义务人等特困供养人员，伤残军人，孤老复员军人及孤老烈属等重点优抚对象，县级以上人民政府规定的其他特殊困难人员。

(3)医疗救助的救助方式

《社会救助暂行办法》规定了两种医疗救助形式:一是为医疗救助的对象参与医疗保险提供资金方面的补贴;二是对于救助对象经过医疗保险报销后,需要自己承担费用的部分,给予补助。[1]

2. 教育救助制度

(1)教育救助的救助对象

作为促进社会公平的基本手段,政府和社会应努力为全体社会成员获得良好的教育创造条件,让人们有同等的受到教育的机会,教育救助的目的就是保障贫困家庭的子女的受教育权。教育救助的对象主要包括:最低生活保障家庭成员、特困供养人员、不能入学接受义务教育的残疾儿童。[2]

(2)教育救助的救助形式

教育救助的形式有:减免收费,即对贫困生应当缴纳的学杂费、书本费、住宿以及其他生活费等少收或不收的救助形式;现金救助,包括补助金、奖学金、助学金、助学贷款等。

3. 就业援助制度

《社会救助暂行办法》明确了我国就业救助的主体、形式和内容。

(1)就业救助的主体,包括就业救助的提供主体和就业救助的对象。政府、再就业服务中心、职业培训机构、职业介绍机构、以招收失业无业人员为主的劳动就业服务企业或其他企业等,都是参与就业救助的主体。就业救助的对象并非所有的无业人员,而应当符合以下的条件:其一,生活贫困,符合最低生活保障条件;其二,有劳动能力,且是法定劳动年龄内的人员;其三,处于失业状态,且由于自身生存能力差,社会竞争激烈的客观原因造成的失业,而非主观原因的失业。

(2)就业救助的形式与内容

其一,公共就业服务,即由各级人力资源社会保障部门提供的公益性就业服务,包括职业介绍、职业培训、就业训练、社区就业岗位开发服务等。其二,创业优惠,包括税收优惠、行政性收费优惠、贷款贴息的。其三,安置就业,政府可以直接提供一些公益性岗位安置就业特困人员。其四,资金补贴,具体形式有岗位补贴、培训

---

〔1〕 救助对象经基本医疗保险、大病保险和其他补充医疗保险支付后,个人及家庭难以承担的符合规定的基本医疗自负费用,给予补助。此外,还规定医疗救助的标准,由县级以上人民政府按照经济社会发展水平和医疗救助资金情况确定及公布。

〔2〕 对于最低生活保障家庭成员、特困供养人员而言,教育救助不仅存在于义务教育阶段,而且还包括高中教育(含中等职业教育)和普通高等教育阶段。

补贴、社会保险补贴等。

4. 住房救助制度

住房救助制度，主要是指对城乡特殊困难居民和因灾倒房户，在住房修缮、重建和租房方面给予现金与物资补助的制度。住房救助已经逐渐成为一种独立的专项救助制度。2003 年，建设部、财政部、民政部等部门联合下发的《城镇最低收入家庭廉租住房管理办法》规定，对于符合市、县人民政府规定的，且住房有困难的低收入家庭，可以申请城镇最低收入家庭廉租住房。住房救助的保障方式以发放租赁住房补贴为主，以实物配租、租金核减为辅。[1] 2007 年 9 月，建设部等八部门联合发布《廉租住房保障办法》，同时废止了《城镇最低收入家庭廉租住房管理办法》。

5. 特殊救助制度

(1)特困人员供养制度

特困人员供养制度，实际上是将传统的农村"五保"供养制度与城市"三无"人员救助制度，统一为特困人员供养制度。特困人员供养内容包括：提供基本生活条件，对生活不能自理的给予照料，提供医疗治疗疾病治疗，办理丧葬事宜。[2]

(2)灾害救助制度

灾害救助是对公民因自然灾害而造成生活困难时，国家或社会对灾民进行抢救或援助，在衣、食、住、行、医等基本生活方面给予其最低生活水平的保障，同时使灾区的生产和生活尽快恢复正常秩序的一项社会救助制度。[3] 灾害救助制度包括对基本生活因自然灾害受到影响的人员应提供资金、物资、服务等方面的救助。具体而言，灾害救助制度主要内容如下：灾害救助体系及职责，[4] 救灾工作分级管理，[5] 救灾

---

〔1〕《社会救助暂行办法》第 37 条、第 38 条规定，对住房困难的最低生活保障家庭、分散供养的特困人员给予住房救助。住房救助通过配租公共租赁住房、发放住房租赁补贴，农村危房改造等方式实施。

〔2〕《社会救助暂行办法》第 14 条规定，国家对无劳动能力、无生活来源且无法定赡养、抚养、扶养义务人，或者其法定赡养、抚养、扶养义务人无赡养、抚养、扶养能力的老年人、残疾人以及未满 16 周岁的未成年人，给予特困人员供养。

〔3〕郭捷主编：《劳动法与社会保障法》，法律出版社 2016 年第 3 版。

〔4〕国家减灾委员会负责组织、领导全国的自然灾害救助工作，协调开展重大自然灾害的救助活动。国务院民政部门负责全国的自然灾害救助工作，承担国家减灾委员会的具体工作。国务院有关部门按照各自职责做好全国的自然灾害救助相关工作。县级以上地方民政部门负责本行政区域的自然灾害救助工作。县级以上地方人民政府按照各自职责做好本行政区域内的自然灾害救助工作。

〔5〕根据自然灾害影响范围、危害程度不同，灾害救助工作由不同层级的人民政府负责。一般的或较大的自然灾害救助工作，由发生地的县级人民政府统一领导；重大的和特别重大的自然灾害救助工作，由发生地省级人民政府统一领导；其中影响全国、跨省行政区域或者超出省级人民政府救助能力的特别重大的自然灾害救助工作，由国务院统一领导。

资金分级负担,[1]受灾地区的人员安置。人民政府应当在确保安全的前提下,采取就地安置与异地安置、政府安置与自行安置相结合的方式,对受灾人员进行过渡性安置。

(3)临时救助制度

临时救助制度,是指低收入家庭的成员突发疾病、遭遇事故以及其他意外原因,导致基本生活暂时出现严重困难,给予临时性的救助制度。

临时救助的对象和范围:一是最低生活保障对象与社会救助中专项救助对象之外的,基本生活出现暂时困难的低收入家庭;二是最低保障对象以及社会救助的专项救助对象中,经过救助基本生活仍然困难的家庭;三是当地政府认定的其他特殊困难人员。

临时救助的标准和方式。《社会救助办法暂行办法》第49条规定,临时救助的具体事项、标准由县级以上人民地方政府确定、公布。临时救助有别于社会救助当中的其他救助项目,它有非定期且人群不特定的特征。因此,各地在结合当地实际情况的基础上,可以灵活、合理地制定与救助方式与救助数额相关的政策,相关政策的建立必须有规范的程序且符合相关法律的规定。

临时救助受理程序。临时救助,以县级人民政府民政部门受理审批为主,一些情况下,县级人民政府民政部门可以委托乡镇人民政府、街道办事处受理审批。[2]

法律与规范链接

▲ 必读法条

《社会救助暂行办法》

延伸阅读

1. 郑功成主编:《中国社会保障改革与发展战略》(救助与福利卷),人民出版社2011年版。
2. 刘俊主编:《劳动与社会保障法学》,高等教育出版社2017年版。

---

[1] 发生自然灾害后,有关部门应当及时组织灾情评估,属于特大自然灾害的,中央财政补贴项目和标准安排中央补助资金。对发生一般自然灾害的地区,则由地方政府安排救灾资金,用于灾民生活救助。各级人民政府安排的自然灾害救助资金纳入财政预算。

[2] 申请临时救助的,应当向乡镇人民政府、街道办事处提出,经审核、公示后,由县级人民政府民政部门审批;救助金额较小的,县级人民政府民政部门可以委托乡镇人民政府、街道办事处审批。情况紧急的可以按照规定,简化审批手续。

3. 王广彬主编:《社会保障法》,中国政法大学出版社 2009 年版。
4. 郑尚元主编:《劳动与社会保障法学》,北京师范大学出版社 2010 年版。
5. 朱勋克:《社会救助法新论》,中国社会出版社 2015 年版。
6. 杨德敏主编:《劳动法与社会保障法研究》,复旦大学出版社 2015 年版。

13.2　社会福利和社会优抚法律制度

知识要点

13.2.1　概述

★ 社会福利的概念

社会福利,是指国家和社会通过社会化的福利设施和有关福利津贴,以满足社会成员的生活服务需要,并促使其生活质量不断得到改善的一种社会政策。[1]

★ 社会福利的特征

(1)提供社会福利的责任主体,主要有国家和社会两个大类,其中国家是主要责任主体。

(2)享受社会福利的对象是法律和社会政策范围内的全体国民,而不仅仅是在生活、就医、教育方面有困难的群体。

(3)社会福利的形式主要是现金、实物和服务,如现金补贴、免费的衣物、免费的教材、义诊服务、残疾人健康服务等。

(4)提供社会福利的方式是社会化、多种途径提供社会福利。

(5)提供社会福利的目标,有直接目标和终极目标:直接目标就是满足社会成员的基本生活需求,不断提高和改善其生活质量,增强其自身发展的能力;终极目标是实现社会公平正义,促进人的自由、全面发展。

---

[1] 郑功成:《社会保障学——理念、制度、实践和思辨》,商务印书馆 2000 年版,第 20 页。

延伸阅读

海南三亚向62万居民一次性派发超过2.2亿元红包[1]

2014年5月6日，三亚市2014年上半年物价补贴发放工作启动，符合条件的居民每人将一次性获得360元的补贴资金。本次补贴对象是具有三亚本地户籍的城乡居民，以及2013年11月至2014年4月间，连续6个月以上(含6个月)参加三亚市从业人员基本医疗保险的非本地户籍的在职人员和灵活就业人员在内的约62万人，需发放补贴资金共计22 320万元。

三亚市对连续6个月参加本市基本医疗保险的非本地户籍从业人员也派发红包的做法，是本次"发红包"的最大亮点，是真正的全民红包。在社会学中全民红包这样的社会福利方式被称为社会津贴，社会津贴的特点是"不论贫富，人人有份"，追求的是结果平等，同时也节约行政成本。

社会津贴体现的是政府对公民道义上的关怀。这种关怀一般体现为两个类型：一个类型是一种对民众补偿，如三亚的"旅游快递"，外地人涌入发展引发物价上涨的补偿等，这种方式的社会津贴，政府需要寻求民众的理解和支持；另一个类型是政府要和公民分享社会、经济发展的果实。不论哪种类型，社会津贴其实都体现了一种公民权。

在城镇化大背景下，我国一些城市未能做到对外来建设者最基本的尊重和关心，外来建设者最期望感受到的是社会公平，三亚全民发红包的最大意义，正体现了对外来建设者的尊重和关心，全民红包和社会救助并不矛盾，展现的是政府对民众普遍的、道义上的关怀。

13.2.2　社会福利制度的种类和内容

★ 公共福利制度

公共福利涉及社会成员生活的方方面面，涵盖了住房、教育、卫生、文体等方面，既有物质需求的保障，也有对精神需求的满足。公共福利有以下特征：一是对象的普遍性，即面向全体社会成员，具有最彻底的普遍性。二是公共福利所需资金主要来源于国家。公共福利提供，通常采用三种形式：其一，通过公共福利方案，建设一系列的公共基础设施，为公民开展发展自身能力以及娱乐身心的活动(一般包括文

---

〔1〕《海南三亚向62万居民一次性派发超过2.2亿元红包》，载央视网新闻频道：http://news.cntv.cn/2014/05/07/VIDE1399432202425971.shtml，最后访问日期：2017年7月24日。

化、娱乐、审美、体育等活动),创造条件;其二,通过物质补贴的方式,促进公民的生活质量逐步提升;其三,政府及社会为公民提供一系列的公共服务,提供这些公共服务,使公民享受到生活的便利。公共福利的主要内容有以下四个方面内容。

1. 住房福利

在市场经济条件下,住房不仅仅是一种投资品,更重要的是居民安身立命、社会稳定的重要物质基础,是一种生活必需品。因此,国家有责任帮助国民实现住有所居。目前我国的住房福利内容主要包括:

(1)取消福利分房制度,实现住房福利社会化。用人单位将原来用于建房购房的资金转化为住房补贴发给职工,由职工通过市场解决住房问题。

(2)实行住房公积金制度。所谓的住房公积金,是一种累计制的基金,一般由用人单位和职工共同缴纳。住房公积金必须实行专款专用,即住房公积金只有在特定的条件下才能使用,且当职工个人的住房公积金不足以支付购房、建房、修房的费用时,可申请住房公积金贷款。

(3)政府提供经济适用房。经济适用房,是政府为满足条件的人群,所提供的一项优惠住房政策。政府提供的经济适用房,一般都要限定住房的套型面积和销售价格。经济适用房优惠政策的享受者,主要是城市中低收入家庭,并且这些家庭在住房方面存在实际的困难。

(4)政府提供廉租房。廉租房的对象与经济适用房的供应对象相衔接,由国家向无力购买房屋的城市低收入家庭提供租金低廉的居住之处。

2. 教育福利

教育福利就是国家和社会为了保障国民受教育的权利,给国民提供免费教育,或者给国民教育提供各种优惠条件和服务的教育方面的福利。目前我国关于教育福利的法律主要有《教育法》《义务教育法》《高等教育法》《职业教育法》等。

我国教育福利的主要内容包括:

(1) 九年义务教育制度。九年义务教育制度是国家保障所有适龄的未成年人接受教育,不收学杂费,将教育全面纳入财政保障范围。

(2)“两免一补”、国家奖学金、国家励志奖学金、国家助学金以及绿色通道政策。

(3)特殊教育,国家专门针对某个群体开展相关教育活动。如免费师范生教育、残疾人教育、农民工培训等。

(4)公共设施应当为受教育者提供便利。如图书馆、博物馆、科技馆、美术馆、体育馆等社会公共文化体育设施；历史文化古迹、革命纪念馆，应当对学生实施特定的优待政策，以便学生能够到这些公共场馆中学习知识，接受爱国主义教育。

3. 医疗保健福利

医疗保健福利是国家和社会为了改善和提高国民健康水平，向国民提供的基本医疗卫生和保健方面的福利，包括医疗费用的减免和补贴、医疗保健设施和服务等。[1]

4. 文化康乐福利

文化康乐福利，是指政府和社会为了满足人们文化康乐的需要，而兴办的具有福利性质的文体活动设施和服务，包括公园、图书馆、博物馆、群众艺术馆、文化康乐庄中心等场馆以及群体性体育活动设施等。

★ 职业福利制度

职业福利制度又称员工福利，是指以职工所在单位为福利责任主体，基于职工与单位之间的劳动合同关系，以单位的经济能力为物质基础，依据国家相关的法律和单位或公司内部规章，为了改善职工及其家庭生活质量，由单位或公司专门向内部职工所提供的各种福利的总称。

职业福利的基本内容有：

(1)生存性福利，包括向员工提供服装，提供宿舍和食堂等必要措施；

(2)安全保障性福利，如住房公积金、企业年金、补充医疗、免费体检等；

(3)社会交往性福利，集体旅行、文娱活动、体育锻炼等；

(4)体现尊重的福利，如心理咨询服务、家政服务、接送子女上学服务、选购大件物品服务等；

(5)自我实现的福利，如企业提供给员工的各种培训机会、脱产学习机会和职务晋升机会等。

★ 特殊福利制度

弱势群体是一个国家或地区，在一定的时期内形成的社会结构中，参与社会生产和分配的能力较弱，经济收入和发展机会都较少的社会阶层。目前我国社会中的弱势群体包括：儿童、老年人、残疾人、精神病患者、失业者、贫困者、下岗职工、灾

---

〔1〕 我国目前存在的医疗保险福利，主要表现为：国家通过财政预算直接拨款，免费提供预防接种、免费发放除害灭病药物、免费治疗地方病、免费供应计划生育药物和实施计划生育手术等；对国家机关和事业单位的工作人员、革命残疾军人、高等学校学生实行公费医疗制度；对企业职工实行劳保医疗；农村集体经济实行多种形式的合作医疗；在国家的指导和帮助下，成立医疗保险和其他形式的群众性医疗保健互助组织。

难中的求助者、农民工,非正规就业者,以及在劳动关系当中处于弱势地位的人。为了改善他们的生活状况,使他们能够过上正常人的生活,需要法律对他们进行特殊的保护,这些保护就成为特殊福利,又称为专门福利。特殊福利的主要内容有:

1. 老年人福利

老年人福利的主要内容包括:老年人福利津贴、社会养老、老年人保健。

2. 妇女福利

妇女福利的主要内容包括:

(1)生育福利,如许多国家劳动立法都规定雇主支付产假工资。

(2)妇女劳动保护福利。我国妇女劳动保护福利的内容主要由国务院制定的《女职工劳动保护特别规定》加以规范。

(3)妇女保健福利。女职工保健福利包括月经期保健、婚前保健、孕前保健、孕期保健、产前保健,以及对女职工定期进行妇科疾病的查治等。

3. 未成年人福利

未成年人福利的主要内容包括:

(1)为儿童提供医疗保健设施和服务。

(2)为儿童活动提供场所和条件,如国家负责建立和普及的托儿所、幼儿园,以及国家和社会建立的儿童活动中心、少年宫、少年活动站、儿童公园、儿童乐园等儿童活动和学习的场所。

(3)普及义务教育,在《教育法》《义务教育法》《义务教育法实施细则》中,规定了国家实施九年义务教育,国家对接受义务教育的学生免收学费。此外,还规定地方各级人民政府应当合理地设置小学、初级中学等学校,方便儿童少年就近入学。

4. 残疾人福利

残疾人福利的主要内容包括:

(1)扶助残疾人就业;

(2)为残疾人提供教育条件;

(3)为残疾人康复提供帮助和条件;

(4)帮助残疾人融入社会文化生活。

13.2.3 社会优抚制度的种类和内容

★ 概述

1. 社会优抚的概念

军人社会保障是我国在普通的社会保障内容之外,对军人这一特殊的群体设

立的社会保障制度。军人社会保障制度在我国也称为社会优抚制度，〔1〕**社会优抚主要由社会优待制度、社会抚恤制度和安置保障制度组成。**

2. 社会优抚的特征

在整个社会保障的框架中，社会优抚由于其保障对象的特殊性，具有安定特定人群从而保证整个社会稳定的作用，社会优抚除了具有一般社会保障的特点外，还存在一些特殊性：

（1）**保障对象的特殊性与法定性**。社会优抚的目的是嘉奖和补偿为国家的安全作出特殊贡献的社会群体，《军人抚恤优待条例》第 2 条对社会优抚的对象进行了法律规定，另外武装警察部队和应战伤亡的其他人员也是我国社会优抚的保障对象，只有在法律规定范围内的人员才能够享受社会优抚的保障。

（2）**责任主体的明确性**。我国《宪法》规定，国家和社会保障残疾军人的生活，抚恤烈士家属，优待军人家属。最初社会优待是由政府通过财政拨款的方式来完成的，但是随着经济的发展和社会化进程的加快，社会优抚制度应当与其他社会保障制度融合在一起，相互协调，形成一个统一的整体。《军人抚恤优待条例》规定了国家和社会相结合的大政方针，国家和社会应当重视和加强军人抚恤优待工作，军人抚恤优待所需的经费由国务院和地方各级人民政府分级承担，中央和地方财政安排军人抚恤优待经费，专款专用。

（3）**优抚内容的综合性**。社会优抚制度既不是单纯的社会救助，也不是单纯的社会保险，更不是单纯的社会福利，而是三者的结合，因此社会优抚制度是一个保障特殊群体利益的、具有综合性的社会保障体系。

（4）**优抚保障的高标准**。与其他社会保障制度的目的在于解决保障对象基本生活问题不同，社会优抚制度的对象是为国家安全作出特殊贡献的群体，他们对社会的贡献比一般的社会成员要大，因而其所享受的权利也要比其他社会成员多。在社会保障方面，主要体现在其享受到社会优抚的水平，标准要比一般的社会成员的水平和标准高。正是在这种高标准的激励下，我国的军队才能建设得更好。

（5）**保障目标的双重性**。社会优抚具有保障目标双重性的特点：一方面，社会优抚制度建立的基本目标是保障军人及其家属的基本生活水平，使其能够享受到当地一般人的生活标准，具有物质保障性的特征；另一方面，政府为了激励军人保

---

〔1〕 社会优抚制度，是指国家和社会按照相关法律、法规的规定，对法定的社会优抚对象，在就业、入学、贷款、住房等方面给予优厚待遇，以确保其受尊重的社会地位和一定生活水平的社会保障制度。参见郑尚元主编：《劳动和社会保障法学》，北京师范大学出版社 2010 年版，第 381 页。

卫国家、建设国家，提高社会优抚的标准，以国家和社会相结合的方式进行社会优抚，其实质是对军人献身精神的一种褒扬。

★ 社会优抚制度的种类和内容

1. 社会优待制度

社会优待，具体是指国家和社会对现役军人及其家属，提供资金方面和服务方面的一系列优惠措施，以提高现役军人及其家属生活质量。社会优抚制度设置的主要目的在于褒扬现役军人对国家所作出的贡献。社会优待使军人及其家属所享受的待遇，要比一般的社会成员所享受到的待遇更为优越，包括物质补偿，也包括医疗、交通、旅游、入学等方面享受比一般人更优越的条件。

军人及其家属享受到的社会优待，主要包括以下几个方面：

（1）现役军人及其家属享受到的优待；

（2）残疾军人及其家属享受到的优待；

（3）烈士、因公牺牲军人、病故军人家属享受到的优待；

（4）其他优待。

2. 社会抚恤制度

社会抚恤制度，是指国家通过发放抚恤金，向优抚对象提供生活保障的优抚方式，表现为国家提供的资金补贴，分为死亡抚恤和伤残抚恤。

（1）死亡抚恤。现役军人死亡，被批准为烈士，被确认为因公牺牲或病故的，其遗属享受的抚恤称为死亡抚恤。死亡抚恤的范围包括：烈士的抚恤，对因公牺牲的抚恤，对病故的抚恤，现役军人死亡的抚恤。

（2）伤残抚恤。现役军人残疾被认定为因战致残、因公致残或者因病致残的，依照《军人抚恤优待条例》的规定，享受的抚恤，称为伤残抚恤。具体而言：

①军人的伤残等级。由轻到重分为一级至十级。因战、因公致残，残疾等级被评定为一级至十级的，享受抚恤；因病致残，残疾等级被评为一级至六级的享受抚恤。

②残疾抚恤的待遇，是指因工作需要继续服现役的残疾军人，经军队军级以上单位批准，由所在部队按照规定发给伤残及抚恤金，残疾抚恤金的标准参照全国职工平均工资水平确定。[1]

---

〔1〕 依靠残疾抚恤金，生活仍有困难的残疾军人，县级以上地方人民政府可以通过增发抚恤金或者提供其他补助的方式保障其生活。

③安置保障制度。退役安置是指军人退役时由国家和社会组织给予一定的物质帮助和必要的社会服务或就业培训，我国的安全保障制度分为退役安置和离退休安置。[1]

延伸阅读

1. 郑功成主编:《中国社会保障改革与发展战略》(救助与福利卷)，人民出版社 2011 年版。
2. 贾俊玲主编:《劳动法与社会保障法》，中央广播电视大学出版社 2014 年版。
3. 刘俊主编:《劳动与社会保障法学》，高等教育出版社 2017 年版。
4. 黎建飞主编:《社会保障法》，中国人民大学出版社 2015 年版。
5. 杨德敏主编:《劳动法与社会保障法研究》，复旦大学出版社 2015 年版。

---

〔1〕 退役安置，是指国家和社会向退出现役的军人，提供就业以及其他安置所需要的资金和服务，以保证其能够尽快地适应社会、安居乐业的社会保障方式。离退休安置，是指国家和社会依法直接向军队现役中离退休的军人提供资金和服务，以保证其安度晚年的社会保障项目。此外，为了加强对军队离退休人员的接受和服务管理工作，各县(市)在军队离退休干部居住点设立干休所，直接为军队离退休干部服务。

附录1　近年司法考试劳动法真题汇总

年份	题号	题目	官方标准答案	涉及法条提示	知识点链接
2006年	卷一第28题	28. 关于集体合同，下列哪一表述是正确的： A. 未建立工会的企业，集体合同应由职工推举的代表与企业签订 B. 劳动合同中的劳动条件和劳动报酬标准可以高于集体合同的规定 C. 并非所有的企业都必须签订集体合同 D. 集体合同必须经劳动行政部门审查批准方能生效	D	1995年《劳动法》第33条、第34条、第35条	9. 2. 1【集体合同制度概述】、9. 2. 2【集体合同的订立、内容和效力】
	卷一第66题	66. 某企业与职工解除劳动关系时，在经济补偿方面下列哪些做法不符合《劳动法》的规定？ A. 李某的试用期刚过一半，被发现不符合录用条件，企业决定在解除劳动合同时支付试用期的全部工资，但不支付经济补偿金 B. 张某尚未达到退休年龄，但决定提前办理退休手续，企业告知，此情况下只支付养老金而不支付经济补偿金 C. 吴某在劳动合同解除后，根据有关规定将领取失业救济金，企业决定从经济补偿金中作适当扣除 D. 肖某因患病被解除劳动合同，企业发给经济补偿金，同时发给不低于6个月工资的医疗补助费并在经济补偿金中作相应抵偿	ACD	1995年《劳动法》第28条	4. 1. 2【劳动者辞职的法律规制】、4. 3. 3【一般解雇之法律后果】

续表

年份	题号	题目	官方标准答案	涉及法条提示	知识点链接
2006 年	卷一第 74 题	74. 下列关于社会保险基金的哪些表述符合《劳动法》的规定? A. 国家设立社会保险基金,是为了使劳动者在年老、患病、工伤、失业、生育等情况下获得帮助和补偿 B. 用人单位和劳动者都必须缴纳社会保险费 C. 劳动者死亡后,其遗属依法享受社会保险基金支付的遗属津贴 D. 社会保险基金的经办机构负有使社会保险基金保值增值的责任	ABCD	1995 年《劳动法》第 70 条、第 72 条、第 73 条第 2 款、第 74 条第 1 款	12.1.5【社会保险基金管理制度】
2007 年	卷一第 26 题	26. 在下列哪种情况下,用人单位延长劳动者工作时间应受到《劳动法》有关限制性规定的约束? A. 发生自然灾害、事故或者因其他原因,威胁劳动者生命健康和财产安全,需要紧急处理的 B. 生产设备发生故障,影响生产和公众利益,必须及时抢修的 C. 交通运输线路、公共设施发生故障,影响生产和公众利益,必须及时抢修的 D. 用人单位取得大量订单,为了在短期内完成交货,必须组织突击生产的	D	1995 年《劳动法》第 41 条、第 42 条	7.1.5【延长工作时间的限制】
	卷一第 97 题	97. 依照劳动法规定,企业在重整期间需要裁减人员时,应采取的程序是: A. 应当向工会或全体职工说明情况,听取意见 B. 应当召集职工代表大会,对裁员方案进行表决 C. 裁员方案应当公布,并允许被裁减人员提出异议 D. 裁员方案实施前,应当向劳动行政部门报告	AD	1995 年《劳动法》第 27 条第 1 款	4.4.3【经济性裁员的事由与程序】

续表

年份	题号	题目	官方标准答案	涉及法条提示	知识点链接
2007 年	卷一第 98 题	对于被裁减的人员应当给予的待遇是： A. 依照国家有关规定给予经济补偿 B. 制定职工安置预案，予以妥善安置 C. 承诺企业在 6 个月内录用人员时予以优先录用 D. 承诺企业在重整成功后予以重新录用	ABC	1995 年《劳动法》第 27 条第 2 款、第 28 条	4.4.4【经济性裁员的法律后果】
	卷一第 99 题	99. 不得被裁减的人员有： A. 管理层、技术骨干和劳动模范 B. 患病或者负伤，在规定的医疗期内的 C. 在孕期、产期、哺乳期内的女职工 D. 患职业病或者因工负伤并被确认丧失或者部分丧失劳动能力的	BCD	1995 年《劳动法》第 29 条	4.4.3【经济性裁员的事由与程序】
	卷一第 100 题	100. 对于企业裁减人员的决定，工会依法可采取的行动是： A. 工会认为该决定不适当的，有权提出意见 B. 工会认为该决定违反法律、法规或者劳动合同的，有权要求重新决定 C. 被裁减人员提起诉讼的，工会应当依法给予支持和帮助 D. 被裁减人员提起诉讼有困难的，工会可以代表职工提起诉讼	ABC	1995 年《劳动法》第 30 条	4.4.3【经济性裁员的事由与程序】
2008 年	卷一第 70 题	70. 关于当事人订立无固定期限劳动合同，下列哪些选项是符合法律规定的？ A. 赵某到某公司应聘，提议在双方协商一致的基础上订立无固定期限劳动合同 B. 王某在某公司连续工作满十年，要求与该公司签订无固定期限劳动合同 C. 李某在某国有企业连续工作满十年，距法定退休年龄还有十二年，在该企业改制重新订立劳动合同时，主张企业有义务与自己订立无固定期限劳动合同 D. 杨某在与某公司连续订立的第二次固定期限劳动合同到期，公司提出续订时，杨某要求与该公司签订无固定期限劳动合同	ABD	2008 年《劳动合同法》第 14 条	3.2.3【劳动合同的期限】

续表

年份	题号	题目	官方标准答案	涉及法条提示	知识点链接
2008年	卷一第95题	2008年5月，松园劳务派遣有限责任公司(简称“松园公司”)与天利房地产开发有限责任公司(简称“天利公司”)签订劳务派遣协议，将李某派遣到天利公司工作。根据相关规定，请回答95~97题。 95. 松园公司与天利公司协商劳务派遣协议的下列条款中，不符合法律规定的有： A. 李某在天利公司的工作岗位，可不在劳务派遣协议中约定，由天利公司根据需要灵活决定 B. 李某在天利公司的工作期限，可以在劳务派遣协议中约定为四个周期，每个周期为半年，每个周期结束前订立新的劳务派遣协议 C. 李某在天利公司的劳动报酬，应当在劳务派遣协议中约定 D. 双方对劳务派遣协议的内容负保密义务，不得向包括李某在内的任何人披露	ABD	2008年《劳动合同法》第58条第1款、第59条第2款、第59条第1款规定、第60条第1款	5.2.5【劳务派遣的法律规制】
	卷一第96题	96. 松园公司和天利公司对李某的下列做法中，不符合法律规定的有： A. 松园公司与李某签订到期可续签的一年期劳动合同 B. 松园公司从李某每月工资中提取5%作为员工集体福利费 C. 天利公司要求李某缴纳5000元岗位责任保证金 D. 天利公司告知李某无权参加本公司工会	ABCD	2008年《劳动合同法》第58条第2款、第60条、第64条	5.2.5【劳务派遣的法律规制】
	卷一第97题	97. 天利公司将李某再派遣到自己的子公司，被李某拒绝。天利公司遂以李某不服从工作安排为由将其退回松园公司。随后，松园公司以李某无工作为由解除劳动合同。对此，下列表述错误的是： A. 天利公司可以对李某进行再派遣，但不能因李某拒绝而将其退回 B. 松园公司不得因李某已无工作而解除劳动合同 C. 李某可以将天利公司或者松园公司作为被申请人，申请劳动争议仲裁 D. 李某可以就其因劳动合同解除而受到的损失，请求天利公司和松园公司共同承担赔偿责任	A	2008年《劳动合同法》第62条第2款、第65条第2款、第92条，2007年《劳动争议调解仲裁法》第22条	5.2.5【劳务派遣的法律规制】、10.3【劳动争议仲裁】

续表

年份	题号	题目	官方标准答案	涉及法条提示	知识点链接
2008 年	四川延期卷一第 26 题	26. 张某在工作中因违反操作规程导致公司设备受损，直接经济损失 3 万元。张某的月工资为 900 元，当地最低工资标准为 700 元。现公司决定从张某的月工资中扣除设备损失赔偿金，直到公司损失收回。下列扣款方案中，哪一项符合劳动法规定？ A. 按照本人月工资的 20% 计算，每月扣除 180 元 B. 按照扣除后的余额不低于当地最低工资标准计算，每月扣除 200 元 C. 按照 A、B 方案平均计算，每月扣除 190 元 D. 按照张某与公司的五年合同期平均计算，每月扣除 500 元	A	1994 年《工资支付暂行规定》第 16 条	6.1【概述】、6.3【工资支付保障制度】
	四川延期卷一第 27 题	27. 陈某大学毕业后被某网络公司聘用。工作期间，陈某与公司因社会保险问题发生争议。关于争议解决办法，下列哪一选项是正确的？ A. 陈某可提请仲裁，但必须在此之前先申请调解 B. 陈某可提请仲裁，但在此之后不能够提起诉讼 C. 社会保险问题不适用劳动争议仲裁，陈某可直接向法院起诉 D. 陈某可自己与公司协商，也可请工会或者第三人共同与公司协商	D	2007 年《劳动争议调解仲裁法》第 2 条、第 4 条、第 79 条	10.1.2【劳动争议处理】、10.3【劳动仲裁和诉讼的关系】
	四川延期卷一第 70 题	70. 赵某于 2008 年 4 月 2 日应聘到某公司工作，双方没有签订劳动合同。3 个月后的一天，赵某在工作中受伤，要求公司支付医疗费并享受工伤待遇，公司以未与赵某签订劳动合同，不存在劳动关系为由予以拒绝。对此，下列哪些选项是正确的？ A. 赵某与公司未签订劳动合同，劳动关系无从确认 B. 赵某与公司之间的劳动关系自赵某开始工作之日起已建立 C. 赵某有权要求公司支付医疗费，但无权享受工伤待遇 D. 公司应当自 2008 年 4 月 2 日起向赵某每月支付二倍的工资	BD	2008 年《劳动合同法》第 7 条、第 82 条、2008 年《中华人民共和国劳动合同法实施条例》第 6 条第 2 款	3.2.1【劳动合同的成立】

续表

年份	题号	题目	官方标准答案	涉及法条提示	知识点链接
2008年	四川延期卷一第77题	77. 2008年1月,王某应聘到甲公司工作。甲公司依据与王某签订的劳动合同,向王某收取了2000元押金。对此,下列哪些选项是正确的? A. 只要王某同意,收取押金就合法 B. 无论王某是否同意,甲公司均无权要求交纳押金 C. 劳动行政部门应责令甲公司限期退还押金 D. 劳动行政部门应对甲公司处以押金数额二倍的罚款	BC	2008年《劳动合同法》第9条、第84条第2款	1.2.3【劳动力使用者的权利和义务】
2009年	卷一第70题	70. 关于劳动关系的表述,下列哪些选项是正确的? A. 劳动关系是特定当事人之间的法律关系 B. 劳动关系既包括劳动者与用人单位之间的关系也包括劳动行政部门与劳动者、用人单位之间的关系 C. 劳动关系既包括财产关系也包括人身关系 D. 劳动关系既具有平等关系的属性也具有从属关系的属性	ACD		1.2.1【劳动关系的概念、主体、范围和特征】
	卷一第71题	71. 2009年2月,下列人员向所在单位提出订立无固定期限劳动合同,哪些人具备法定条件? A. 赵女士于1995年1月到某公司工作,1999年2月辞职,2002年1月回到该公司工作 B. 钱先生于1985年进入某国有企业工作。2006年3月,该企业改制成为私人控股的有限责任公司,年满50岁的钱先生与公司签订了三年期的劳动合同 C. 孙女士于2000年2月进入某公司担任技术开发工作,签订了为期三年、到期自动续期三年且续期次数不限的劳动合同。2009年1月,公司将孙女士提升为技术部副经理 D. 李先生原为甲公司的资深业务员,于2008年2月被乙公司聘请担任市场开发经理,约定:先签订一年期合同,如果李先生于期满时提出请求,可以与公司签定无固定期限劳动合同	BCD	2008年《劳动合同法》第14条	3.2.3【无固定期限劳动合同】

续表

年份	题号	题目	官方标准答案	涉及法条提示	知识点链接
2009 年	卷一第 72 题	72. 东星公司新建的化工生产线在投入生产过程中,下列哪些行为违反《劳动法》规定? A. 安排女技术员参加公司技术攻关小组并到位于地下的设备室进行检测 B. 在防止有毒气体泄漏的预警装置调试完成之前,开始生产线的试运行 C. 试运行期间,从事特种作业的操作员已经接受了专门培训,但未取得相应的资格证书 D. 试运行开始前,未对生产线上的员工进行健康检查	BC	1995 年《劳动法》第 53 条、第 54 条、第 59 条	8.1【劳动安全卫生保护】
	卷一第 73 题	73. 下列哪些情形不属于《劳动争议处理条例》规定的劳动争议范围? A. 张某自动离职一年后,回原单位要求复职被拒绝 B. 郑某辞职后,不同意公司按存款本息购回其持有的职工股,要求做市场价评估 C. 秦某退休后,因社会保险经办机构未及时发放社会保险金,要求公司协助解决 D. 刘某因工伤致残后,对劳动能力鉴定委员会评定的伤残等级不服,要求重新鉴定	BCD	1993 年《企业劳动争议处理条例》第 2 条	10.1.1【劳动争议范围】
2010 年	卷一第 27 题	27. 关于非全日制用工的说法,下列哪一选项不符合《劳动合同法》规定? A. 从事非全日制用工的劳动者与多个用人单位订立劳动合同的,后订立的合同不得影响先订立合同的履行 B. 非全日制用工合同不得约定试用期 C. 非全日制用工终止时,用人单位应当向劳动者支付经济补偿 D. 非全日制用工劳动报酬结算支付周期最长不得超过十五日	C	2008 年《劳动合同法》第 69 条第 2 款、第 70 条、第 72 条第 2 款	5.3【非全日制用工】

续表

年份	题号	题目	官方标准答案	涉及法条提示	知识点链接
2010年	卷一第73题	73. 下列哪些说法违反劳动法的规定? A. 我国公民未满十六岁的,用人单位一律不得招用 B. 双方当事人不可以约定周六加班 C. 劳动合同期限约定为二年的,试用期应在半年以上 D. 双方当事人可就全部合同条款做出违约金约定	ACD	2009年(新修)《劳动法》第15条、第38条,2008年《劳动合同法》第19条第1款、第22条、第25条	7.2.1【休息时间】、3.2.4【试用期】
	卷一第74题	74. 关于工资保障制度,下列哪些表述符合劳动法的规定? A. 按照最低工资保障制度,用人单位支付劳动者的工资不得低于当地最低工资标准 B. 乡镇企业不适用最低工资保障制度 C. 加班工资不包括在最低工资之内 D. 劳动者在婚丧假以及依法参加社会活动期间,用人单位应当依法支付工资	ACD	2009年(新修)《劳动法》第48条、第51条,2004年《最低工资规定》第12条第1款	6.2.2【最低工资保障、最低工资的构成、婚丧假期间工资保障】
2011年	卷一第95题	邓某系K制药公司技术主管。2008年2月,邓某私自接受Y制药公司聘请担任其技术顾问。5月,K公司得知后质问邓某。邓某表示自愿退出K公司,并承诺5年内不以任何直接或间接方式在任何一家制药公司任职或提供服务,否则将向K公司支付50万元违约金。2009年,K公司发现邓某已担任Y公司的副总经理,并持有Y公司20%股份,而且Y公司新产品已采用K公司研发的配方。K公司以Y公司和邓某为被告提起侵犯商业秘密的诉讼。请回答第95~96题。 95. 关于Y公司和邓某的行为,下列说法正确的是: A. Y公司的行为构成侵犯他人商业秘密 B. 邓某的行为构成侵犯他人商业秘密 C. Y公司的行为构成违反竞业禁止义务 D. 邓某的行为构成违反竞业禁止义务	ABD	2012年(新修)《劳动合同法》第23条第2款、第24条	3.2.2【商业秘密保护和竞业禁止义务】

续表

年份	题号	题目	官方标准答案	涉及法条提示	知识点链接
2012 年	卷一第 71 题	71. 李某因追索工资与所在公司发生争议,遂向律师咨询。该律师提供的下列哪些意见是合法的? A. 解决该争议既可与公司协商,也可申请调解,还可直接申请仲裁 B. 应向劳动者工资关系所在地的劳动争议仲裁委提出仲裁请求 C. 如追索工资的金额未超过当地月最低工资标准 12 个月金额,则仲裁裁决为终局裁决,用人单位不得再起诉 D. 即使追索工资的金额未超过当地月最低工资标准 12 个月金额,只要李某对仲裁裁决不服,仍可向法院起诉	ACD	2009 年(新修)《劳动法》第 77 条、《劳动合同法司法解释三》第 47 条	10.3.2【劳动争议处理方式】、10.3【劳动仲裁】
2013 年	卷一第 71 题	71. 甲公司与梁某签订劳动合同后,与乙公司签订劳务派遣协议,派梁某到乙公司做车间主任,派遣期 3 个月。2012 年 1 月至 2013 年 7 月,双方已连续 6 次续签协议,梁某一直在乙公司工作。2013 年 6 月,梁某因追索上一年加班费与乙公司发生争议,申请劳动仲裁。下列哪些选项是正确的? A. 乙公司是在辅助性工作岗位上使用梁某,符合法律规定 B. 乙公司是在临时性工作岗位上使用梁某,符合法律规定 C. 梁某申请仲裁不受仲裁时效期间的限制 D. 梁某申请仲裁时应将甲公司和乙公司作为共同当事人	CD	2012 年(新修)《劳动合同法》第 66 条、2007 年《劳动争议调解仲裁法》第 22 条	5.2.2【劳务派遣】、10.3【劳动仲裁】

续表

年份	题号	题目	官方标准答案	涉及法条提示	知识点链接
2013年	卷一第94题	某公司聘用首次就业的王某，口头约定劳动合同期限2年，试用期3个月，月工资1200元，试用期满后1500元。 2012年7月1日起，王某上班，不久即与同事李某确立恋爱关系。9月，由经理办公会讨论决定并征得工会主席同意，公司公布施行《工作纪律规定》，要求同事不得有恋爱或婚姻关系，否则一方必须离开公司。公司据此解除王某的劳动合同。 经查明，当地月最低工资标准为1000元，公司与王某一直未签订书面劳动合同，但为王某买了失业保险。 请回答第94～96题。 94. 关于双方约定的劳动合同内容，下列符合法律规定的说法是： A. 试用期超过法定期限 B. 试用期工资符合法律规定 C. 8月1日起，公司未与王某订立书面劳动合同，应每月付其两倍的工资 D. 8月1日起，如王某拒不与公司订立书面劳动合同，公司有权终止其劳动关系，且无需支付经济补偿	ABC	2012年(新修)《劳动合同法》第19条第1款、第20条，2008年《劳动合同法实施条例》第6条	3.2.1【劳动合同】、3.2.4【试用期】
	卷一第95题	95. 关于该《工作纪律规定》，下列说法正确的是： A. 制定程序违法 B. 有关婚恋的规定违法 C. 依据该规定解除王某的劳动合同违法 D. 该公司执行该规定给王某造成损害的，应承担赔偿责任	ABCD	2012年(新修)《劳动合同法》第4条第2款、第48条	3.1.3【劳动规章】

续表

年份	题号	题目	官方标准答案	涉及法条提示	知识点链接
2013 年	卷一第 96 题	96. 关于王某离开该公司后申请领取失业保险金的问题，下列说法正确的是： A. 王某及该公司累计缴纳失业保险费尚未满 1 年，无权领取失业保险金 B. 王某被解除劳动合同的原因与其能否领取失业保险金无关 C. 若王某依法能领取失业保险金，在此期间还想参加职工基本医疗保险，则其应缴纳的基本医疗保险费从失业保险基金中支付 D. 若王某选择跨统筹地区就业，可申请退还其个人缴纳的失业保险费	ABC	2010 年《社会保险法》第 45 条、第 48 条第 2 款、第 52 条	13.2【失业保险】
2014 年	卷一第 86 题	李某原在甲公司就职，适用不定时工作制。2012 年 1 月，因甲公司被乙公司兼并，李某成为乙公司职工，继续适用不定时工作制。2012 年 12 月，由于李某在年度绩效考核中得分最低，乙公司根据公司绩效考核制度中“末位淘汰”的规定，决定终止与李某的劳动关系。李某于 2013 年 11 月提出劳动争议仲裁申请，主张：原劳动合同于 2012 年 3 月到期后，乙公司一直未与本人签订新的书面劳动合同，应从 4 月起每月支付二倍的工资；公司终止合同违法，应恢复本人的工作。 请回答第 86 ~ 90 题。 86. 关于李某申请仲裁的有关问题，下列选项正确的是： A. 因劳动合同履行地与乙公司所在地不一致，李某只能向劳动合同履行地的劳动争议仲裁委员会申请仲裁 B. 申请时应提交仲裁申请书，确有困难的也可口头申请 C. 乙公司对终止劳动合同的主张负举证责任 D. 对劳动争议仲裁委员会逾期未作出是否受理决定的，李某可就该劳动争议事项向法院起诉	BCD	2007 年《劳动争议调解仲裁法》第 21 条、第 28 条、第 29 条	10.3【劳动争议的管辖及仲裁、诉讼】

续表

年份	题号	题目	官方标准答案	涉及法条提示	知识点链接
2014 年	卷一第 87 题	87. 关于乙公司兼并甲公司时李某的劳动合同及工作年限，下列选项正确的是： A. 甲公司与李某的原劳动合同继续有效，由乙公司继续履行 B. 如原劳动合同继续履行，在甲公司的工作年限合并计算为乙公司的工作年限 C. 甲公司还可与李某经协商一致解除其劳动合同，由乙公司新签劳动合同替代原劳动合同 D. 如解除原劳动合同时甲公司已支付经济补偿，乙公司在依法解除或终止劳动合同计算支付经济补偿金的工作年限时，不再计算在甲公司的工作年限	ABCD	2012 年(新修)《劳动合同法》第 10 条、第 34 条、第 36 条	3.4.2【劳动合同的继续履行】
	卷一第 88 题	88. 关于未签订书面劳动合同期间支付二倍工资的仲裁请求，下列选项正确的是： A. 劳动合同到期后未签订新的劳动合同，李某仍继续在公司工作，应视为原劳动合同继续有效，故李某无权请求支付二倍工资 B. 劳动合同到期后应签订新的劳动合同，否则属于未与劳动者订立书面劳动合同的情形，故李某有权请求支付二倍工资 C. 李某的该项仲裁请求已经超过时效期间 D. 李某的该项仲裁请求没有超过时效期间	BD	2008 年《劳动合同法实施条例》第 7 条、2007 年《劳动争议调解仲裁法》第 27 条第 1 款	10.4【劳动争议诉讼时效】、3.2.1【支付二倍工资的情形】
	卷一第 89 题	89. 关于恢复用工的仲裁请求，下列选项正确的是： A. 李某是不定时工作制的劳动者，该公司有权对其随时终止用工 B. 李某不是非全日制用工的劳动者，该公司无权对其随时终止用工 C. 根据该公司末位淘汰的规定，劳动合同应当终止 D. 该公司末位淘汰的规定违法，劳动合同终止违法	BD	2012 年(新修)《劳动合同法》第 68 条	4.1.4【劳动合同的终止】、3.1.3【劳动规章】

续表

年份	题号	题目	官方标准答案	涉及法条提示	知识点链接
2014年	卷一第90题	90. 如李某放弃请求恢复工作而要求其他补救,下列选项正确的是: A. 李某可主张公司违法终止劳动合同,要求支付赔偿金 B. 李某可主张公司规章制度违法损害劳动者权益,要求即时辞职及支付经济补偿金 C. 李某可同时获得违法终止劳动合同的赔偿金和即时辞职的经济补偿金 D. 违法终止劳动合同的赔偿金的数额多于即时辞职的经济补偿金	ABD	2012年(新修)《劳动合同法》第46条、第47条、第48条、第87条、第38条第1款第4项	4.1.2、4.3.3【支付经济补偿金的情形及标准】
2015年	卷一第70题	70. 某厂工人田某体检时被初诊为脑瘤,万念俱灰,既不复检也未经请假就外出旅游。该厂以田某连续旷工超过15天,严重违反规章制度为由解除劳动合同。对于由此引起的劳动争议,下列哪些说法是正确的? A. 该厂单方解除劳动合同,应事先将理由通知工会 B. 因田某严重违反规章制度,无论是否在规定的医疗期内该厂均有权解除劳动合同 C. 如该厂解除劳动合同的理由成立,无需向田某支付经济补偿金 D. 如该厂解除劳动合同的理由违法,田某有权要求继续履行劳动合同并主张经济补偿金2倍的赔偿金	ABC	2012年(新修)《劳动合同法》第42条、第43条	4.1.3【劳动合同的解除】

续表

年份	题号	题目	官方标准答案	涉及法条提示	知识点链接
2015年	卷一第71题	71. 友田劳务派遣公司(住所地为甲区)将李某派遣至金科公司(住所地为乙区)工作。在金科公司按劳务派遣协议向友田公司支付所有费用后,友田公司从李某的首月工资中扣减了500元,李某提出异议。对此争议,下列哪些说法是正确的? A. 友田公司作出扣减工资的决定,应就其行为的合法性负举证责任 B. 如此案提交劳动争议仲裁,当事人一方对仲裁裁决不服的,有权向法院起诉 C. 李某既可向甲区也可向乙区的劳动争议仲裁机构申请仲裁 D. 对于友田公司给李某造成的损害,友田公司和金科公司应承担连带责任	AC	2007年《劳动争议调解仲裁法》第6条、第47条、第21条第2款,2012年(新修)《劳动合同法》第92条第2款	10.1.2【劳动争议救济程序】、5.2.5【劳务派遣的法律规制】
	卷一第97题	97. 职工薛某被认定为工伤且被鉴定为六级伤残。关于其工伤保险待遇,下列选项正确的是: A. 如商场未参加工伤保险,薛某可主张商场支付工伤保险待遇或者承担民事人身损害赔偿责任 B. 如商场未参加工伤保险也不支付工伤保险待遇,薛某可主张工伤保险基金先行支付 C. 如商场参加了工伤保险,主要由工伤保险基金支付工伤保险待遇,但按月领取的伤残津贴仍由商场支付 D. 如电梯厂已支付工伤医疗费,薛某仍有权获得工伤保险基金支付的工伤医疗费	BC	2010年《社会保险法》第41条第1款、第42条	13.1【工伤保险待遇】

续表

年份	题号	题目	官方标准答案	涉及法条提示	知识点链接
2016 年	卷一第 95 题	王某，女，1990 年出生，于 2012 年 2 月 1 日入职某公司，从事后勤工作，双方口头约定每月工资为人民币 3000 元，试用期 1 个月。2012 年 6 月 30 日，王某因无法胜任经常性的夜间高处作业而提出离职，经公司同意，双方办理了工资结算手续，并于同日解除了劳动关系。同年 8 月，王某以双方未签书面劳动合同为由，向当地劳动争议仲裁委申请仲裁，要求公司再支付工资 12 000 元。 请回答第 95 ~ 97 题。 95. 关于女工权益，根据《劳动法》，下列说法正确的是： A. 公司应定期安排王某进行健康检查 B. 公司不能安排王某在经期从事高处作业 C. 若王某怀孕 6 个月以上，公司不得安排夜班劳动 D. 若王某在哺乳婴儿期间，公司不得安排夜班劳动	B	2009 年（新修）《劳动法》第 54 条、第 60 条、第 61 条	7.1.5【女职工权益保护】
	卷一第 96 题	96. 关于该劳动合同的订立与解除，下列说法正确的是： A. 王某与公司之间视作已订立无固定期限劳动合同 B. 该劳动合同期限自 2012 年 3 月 1 日起算 C. 该公司应向王某支付半个月工资的经济补偿金 D. 如王某不能胜任且经培训仍不能胜任工作，公司提前 30 日以书面形式通知王某，可将其辞退	D	2012 年（新修）《劳动合同法》第 14 条第 3 款、第 10 条第 2 款、第 40 条、第 46 条	3.2【劳动合同的订立】、4.1.3【劳动合同的终止】

续表

年份	题号	题目	官方标准答案	涉及法条提示	知识点链接
2016年	卷一第97题	97. 如当地月最低工资标准为1500元,关于该仲裁,下列说法正确的是: A. 王某可直接向劳动争议仲裁委申请仲裁 B. 如王某对该仲裁裁决不服,可向法院起诉 C. 如公司对该仲裁裁决不服,可向法院起诉 D. 如公司有相关证据证明仲裁裁决程序违法时,可向有关法院申请撤销裁决	ABD	2007年《劳动争议调解仲裁法》第5条、第47条、第49条第1款	10.3【劳动争议仲裁】
2017年	卷一第72题	72. 农民姚某于2016年3月8日进入红海公司工作,双方未签订书面劳动合同,红海公司也未给姚某缴纳基本养老保险,姚某向社保机构缴纳了基本养老保险费。同年12月8日,姚某以红海公司未为其缴纳社会保险为由申请辞职。经查,姚某的工资属于所在地最低工资标准额。关于此事,下列哪些说法是正确的? A. 姚某自2016年3月8日起即与红海公司建立劳动关系 B. 红海公司自2016年4月8日起,应向姚某每月支付两倍的工资 C. 姚某应参加新型农村社会养老保险,而不应参加基本养老保险 D. 姚某就红海公司未缴养老保险费而发生争议的,可要求社保行政部门或社保费征收机构处理	ABD	《劳动合同法》第7条、第82条,《劳动法》第72条、第100条	3.2.1【书面劳动合同、未签书面劳动合同双倍工资】

续表

年份	题号	题目	官方标准答案	涉及法条提示	知识点链接
2017年	卷一第73题	73. 关于集体劳动合同，根据《劳动合同法》，下列哪些说法是正确的？ A. 甲公司尚未建立工会时，经其2/3以上的职工推举的代表，可直接与公司订立集体合同 B. 乙公司系建筑企业，其订立的行业性集体合同，报劳动行政部门备案后即行生效 C. 丙公司依法订立的集体合同，对全体劳动者，不论是否为工会会员，均适用 D. 因履行集体合同发生争议，丁公司工会与公司协商不成时，工会可依法申请仲裁、提起诉讼	CD	《劳动合同法》第51条、第54条、第56条，《集体合同规定》第30条、第47条	9.1、9.2【集体劳动合同】
	卷一第97题	97. 当该公司裁员时，下列说法正确的是： A. 无须向劳动者支付经济补偿金 B. 应优先留用与本公司订立无固定期限劳动合同的职工 C. 不得裁减在该公司连续工作满15年的女职工 D. 不得裁减非因公负伤且在规定医疗期内的劳动者	BD	《劳动合同法》第40条、第41条、第42条	4.4.2【经济性裁员合理选择被裁减人员】

附录 2　教学大纲参考

《劳动与社会保障法》课时分配建议与教学方案

周次	教学章节	教学内容	学时
1	第 1 章　劳动法总论 1.1	讲授劳动法的基本性质	2
2	第 1 章　劳动法总论 1.2 第 2 章　现行劳动法的基本构造与立法动态	讲授劳动法的基本概念 现行劳动法律制度概述、现行劳动法律制度的内容	2
3	第 3 章　劳动合同的订立、履行与变更 3.1	讲授劳动合同法总论中的概念、特点、基本原则、劳动合同的权利义务体系以及劳动规章	2
4	第 3 章　劳动合同的订立、履行与变更 3.2	劳动合同的成立、内容、期限与试用期	2
5	第 3 章　劳动合同的订立、履行与变更 3.3.3.4 第 4 章　劳动合同之终了 4.1	劳动合同的附随义务、劳动合同的履行与变更、劳动合同终了的意义、劳动者辞职的法律规制、劳动合同之终止以及解雇权滥用规制理论	2
6	第 4 章　劳动合同之终了 4.2、4.3、4.4	惩罚性解雇规制、一般解雇规制和经济性裁员规制	2
7	第 5 章　非典型劳动关系的法律规制	概述、劳务派遣法律制度和非全日制劳动关系法律制度	2
8	第 6 章　工资法律制度	概述、最低工资制度、工资支付保障制度	2
9	第 7 章　工作时间与休息休假法律制度	工作时间法律制度、休息休假法保障律制度	2
10	第 8 章　安全生产与劳动灾害	安全生产法律制度和劳动灾害补偿制度	2
11	第 9 章　集体劳动法	概述、集体合同制度、企业民主管理制度	2

续表

周次	教学章节	教学内容	学时
12	第 10 章　劳动争议处理 10. 1、10. 2	概述、劳动争议调解	2
13	第 10 章　劳动争议处理 10. 3、10. 4	劳动争议仲裁与劳动争议诉讼	2
14	第 11 章　社会保障法概论	社会保障法的概念、产生与发展、调整对象和法律关系、基本原则和法律渊源	2
15	第 12 章　社会保障分论一	社会保险法概述、养老保险法律制度、医疗保险法律制度	2
16	第 12 章　社会保障分论一	工伤保险法律制度、失业保险法律制度、生育保险法律制度	2
17	第 13 章　社会保障分论二	社会救助法律制度、社会福利与社会优抚法律制度	2

图书在版编目(CIP)数据

劳动与社会保障法入门笔记 / 曹燕主编. -- 北京 :
法律出版社, 2017(2023.4 重印)
ISBN 978 - 7 - 5197 - 1865 - 7

Ⅰ. ①劳… Ⅱ. ①曹… Ⅲ. ①劳动法 - 中国②社会保
障法 - 中国 Ⅳ. ①D922.5

中国版本图书馆 CIP 数据核字(2018)第 000275 号

劳动与社会保障法入门笔记
LAODONG YU SHEHUI BAOZHANGFA RUMEN BIJI

曹 燕 主编

策划编辑 谢清平
责任编辑 谢清平
装帧设计 李 瞻

出版发行 法律出版社
编辑统筹 法律应用出版分社
责任校对 邢艳萍
责任印制 刘晓伟
经　　销 新华书店

开本 710 毫米×1000 毫米 1/16
印张 13.5 **字数** 190 千
版本 2018 年 4 月第 1 版
印次 2023 年 4 月第 2 次印刷
印刷 天津嘉恒印务有限公司

地址:北京市丰台区莲花池西里 7 号(100073)
网址:www. lawpress. com. cn
投稿邮箱:info@ lawpress. com. cn
举报盗版邮箱:jbwq@ lawpress. com. cn

销售电话:010 - 83938349
客服电话:010 - 83938350
咨询电话:010 - 63939796

书号:ISBN 978 - 7 - 5197 - 1865 - 7
定价:32.00 元

凡购买本社图书,如有印装错误,我社负责退换。电话:010 - 83938349